당당한 비즈니스 일본어

Basics 편

내가 필요한 비즈니스 스킬만 쏙쏙 골라 배우자!
한 권으로 가볍게, 언어와 스킬을 동시에 배우는 직장인의 **필수 교재!**

당당한 비즈니스 일본어 - Basics
© Carrot House

All rights reserved. No part of this publication may be reproduced,
stored in a retrieval system, or transmitted in any form or by any means
without the prior permission in writing of Carrot House.

Printed: February 2020
Author: Carrot Language Lab

ISBN 978-89-6732-305-9

Printed in Korea

Carrot Global Inc.
9F, 488, Gangnam St. , Gangnam-gu, Seoul, 06120, South Korea

당당한 일본어 교재 시리즈 Curriculum Map

CARROT 레벨	1	2	3	4	5	6	7
JLPT 등급	N5		N4		N3	N2	N1
일반 회화	입문	입문	기초				
비즈니스 스킬				비즈니스 Basics			
				비즈니스 면접			
				비즈니스 출장			
				비즈니스 미팅			
				비즈니스 이메일			
				비즈니스 프레젠테이션			

CARROT HOUSE

01 머리말

🌸 일본에 대한 이해
일본(日本)은 태평양에 위치한 동아시아의 섬나라로, 일본의 국호(日本国)는 한자로 '태양이 떠오르는 곳'이라는 의미이다.

일문 국명 | 日本
영문 국명 | Japan
수도 | 도쿄(東京)
행정구역 | 1도(都, と) 1도(道, どう), 2부(府, ふ), 43현(県, けん)
국토 면적 | 약 37.8만㎢ (한반도의 약 1.7배)
지리 | 4개의 큰 섬과 약 4천여개의 작은 섬 (홋카이도, 혼슈, 큐슈, 시코쿠)
언어 | 일본어
화폐 | 엔(円)
정치 제도 | 민주주의, 입헌군주제
인구 | 약 1억 7천만명 (2019년 통계청 기준)
GDP | 약 4조 9천억달러 (세계 3위) (2018년 통계청 기준)
주요 종교 | 신도(神道), 불교, 기독교

02 캐럿 하우스 방법론

❀ 성인 교육학적 접근과 표현언어 스킬

교육학은 학습자들로 하여금 생각을 한 곳으로 모으게 하고 학습 훈련을 지속적으로 강화하는데 그 목적이 있습니다. 아동을 대상으로 하는 교학(pedagogy)과 성인을 대상으로 하는 교육(andragogy)의 특징 및 과정은 분명 다릅니다. 기존의 아동 대상 교육이 주입식, 암기식, 교사 중심의 교육이라면, 성인 교육은 상대적으로 자유로운 학습 환경 속에서 다양한 생각과 행동적 학습이론을 추구할 수 있는 자발적, 지속적, 학습자 중심 교육이라고 볼 수 있습니다. 캐럿 하우스 커리큘럼은 이러한 성인 교육학적 접근을 바탕으로 과제 해결 및 의사소통 중심의 학습활동을 구성하여 학습자의 참여도를 이끌어냅니다.

사실, 대다수의 사람들은 외국어를 학습할 때 의사소통 능력을 키우기 위해 노력합니다. 그러나 외국어로서의 일본어 교육은 아직까지도 수용언어 - 즉, 듣기와 읽기 학습을 중심으로 이루어지다 보니 의사소통 능력을 키우는 데 한계가 있습니다. 한편, 표현언어 - 즉, 말하기와 쓰기 능력이 잘 갖춰진다면 의사소통 역량을 마음껏 발휘할 수 있을 것입니다. 바로 이 점이 학습자들의 언어의 표현적 기능을 향상시키는 캐럿 하우스 커리큘럼만의 비결이라고 생각합니다. 캐럿 하우스 커리큘럼이 제시하는 성인 교육의 특징은 학습자들이 스스로 표현 및 소통 역량을 향상시킬 수 있도록 하는 외국어 학습 경험을 제공한다는 점입니다. 이렇듯, 캐럿 하우스의 교수철학과 커리큘럼은 모든 일본어 학습자들의 "성공을 위한 언어"라는 목표를 이룰 수 있도록 구성되어 있습니다.

❀ 의사소통 중심 언어학습법

언어 습득의 필수 요소인 의사소통 상호 작용은 단순히 원어민이 이끄는 식상하고 의미 없는 흥미 위주의 대화를 통해 일어나는 것이 아닙니다. 숙련된 교사가 학습자에게 적절한 컨텐츠를 제공하여 협의된 상호 작용을 통해 일어나는 것입니다. 이 때, 학습자도 자신에게 주어진 학습 기회를 최대한 활용할 수 있습니다.

특히, 의사소통 중심 언어학습법은 외국어 습득론 분야에서 활용되는 방법으로, 언어를 보다 실용적으로, 보다 실감나게, 보다 기능적으로 사용하기 위한 학습자들에게 최적화 되어있다고 볼 수 있습니다.

당당한 비즈니스 일본어 시리즈

Basics	면접	출장	미팅	이메일	프레젠테이션

03 이 책의 구성

❀ 주요 학습대상

당당한 비즈니스 일본어 Basics는 주입식 형태의 비즈니스 일본어 교재의 틀을 깨고, 초중급 수준의 학습자도 부담 없이 비즈니스 일본어를 학습할 수 있도록 구성된 교재입니다. 특히, 일본 회사에 입사하고자 하는 취업·이직 준비생이나 기초 비즈니스 일본어를 정복하고자 하는 성인 학습자들에게 안성맞춤인 교재입니다.

❀ 교재 활용법

학습 목표 & 주요 패턴
각 과의 학습 목표와 주요 패턴 3가지를 확인하여 이번 과에서는 무엇을 배울 것인지, 학습효과는 무엇인지 알아볼 수 있습니다.

이미지 토크
실감나는 비즈니스 현장의 이미지를 보며 주어진 키워드를 활용하여 사진을 묘사한 후, 주제와 관련된 도입 질문으로 이야기 해 봄으로써 사전 언어 지식을 충분히 활용할 수 있도록 구성하였습니다.

필수! BIZ 어휘

각 과의 주제와 관련하여 자주 사용되는 어휘를 엄선하였습니다. 각 어휘 앞의 체크박스를 활용하여 빠짐없이 완벽 학습할 수 있도록 체크합니다.

아래에는 핵심 어휘 '빈칸 채우기'로 단순 암기가 아닌 직접 문장을 완성하며 자연스럽게 어휘를 반복 학습할 수 있습니다.

필수! BIZ 표현

주요 패턴에서 소개된 문형 3가지를 심층 학습하는 코너입니다. 2개의 예문과 Tip을 학습하고, 직접 예문을 만들어 봄으로써 비즈니스 상황에 맞는 격식 있는 표현을 체득하게 됩니다. 또한, 회화 본문에 3가지 표현이 포함되어 학습의 연계성을 높였습니다.

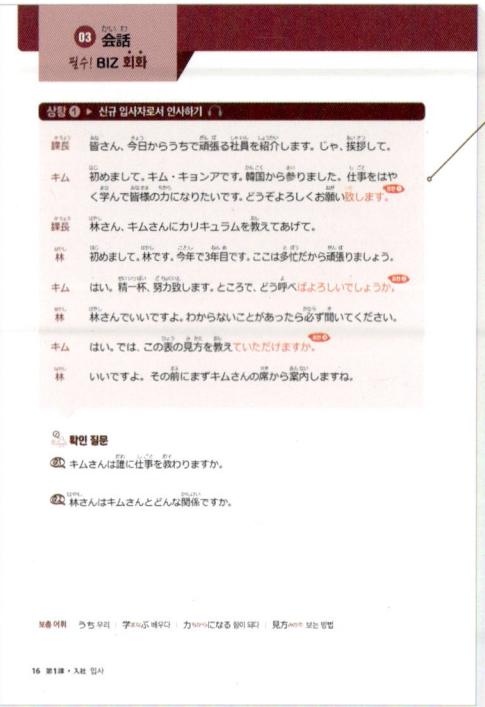

필수! BIZ 회화

각 과마다 주제와 관련된 2가지 상황을 엄선하여 실제 업무 시 응용할 수 있는 표현들로 구성하였습니다. 모든 회화문은 mp3 음원을 다운 받아 듣기 학습이 가능하며, 본문 학습 후에는 확인 질문에 답해 보며 내용을 제대로 이해하였는지 체크할 수 있습니다. 또한, 페이지 하단에 보충 어휘를 제시하여 본문을 바로 이해할 수 있도록 하였습니다.

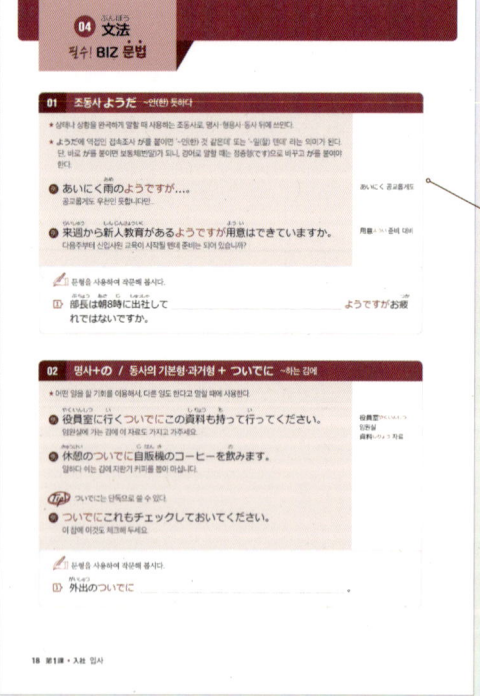

필수! BIZ 문법

N3 수준의 일본어 학습자라면 필수로 알아 두어야 할 핵심 문법 2가지를 심층 학습하는 코너입니다. 2개의 예문과 문법 Point를 통해 문법의 의미와 용법을 학습하고, 문형을 사용하여 직접 작문해봄으로써 비즈니스 수준의 문법을 체득하게 됩니다.

응용 연습

각 과에서 학습한 어휘, 표현 및 문법 지식을 종합하여 자연스럽게 독해, 작문, 회화 연습으로 이어질 수 있도록 구성하였습니다. 파트너와 짧은 대화 연습을 해봄으로써 뒤에 이어지는 롤플레이 활동의 초석을 다질 수 있습니다.

필수! BIZ 롤플레이

실제 비즈니스 상황에서 해당 과에서 학습한 주요 어휘 및 표현을 적용하여 말해 볼 수 있도록 구성하였습니다. 학습자들은 스스로 역할을 정해 파트너와 롤플레이를 진행하며 의사소통 능력 및 응용력, 표현력을 키울 수 있습니다.

BIZ Tip!

일본의 회사 생활은 한국과 어떤 점이 다른지 알아보는 코너입니다. 일본으로의 취업·이직 준비생이라면 꼭 알아두어야 할 필수 정보를 놓치지 마세요!

もくじ
目次

		실전 회화 살펴보기
1課	にゅうしゃ **入社** 입사	✓ 신규 입사자로서 인사하기 ✓ 비품 사용법 문의하기
2課	じつ む きょう いく **実務教育** 실무 교육	✓ 사내 규정 인수인계 ✓ 서류 업무 처리하기
3課	でん わ と **電話のやり取り** 전화 통화	✓ 전화 받기 (메모 남기기) ✓ 전화 걸기
4課	とり ひき さき と **取引先とのやり取り** 거래처 응대	✓ 거래처 주문 받기 (의뢰와 승낙) ✓ 거래처 주문 받기 (의뢰와 거절)
5課	**クレーム** 클레임	✓ 납품 실수로 인한 클레임 해결하기 ✓ 상사에게 사과하기
6課	きゅう か **休暇** 휴가	✓ 병가 내기 ✓ 유급휴가 신청하기
7課	ぎょう む きょうりょく **業務協力** 업무 협조	✓ 도움 요청하기 ✓ 업무협조 요청하기
8課	ぎょう む ほう こく **業務報告** 업무 보고	✓ 프로젝트 진행 상황 보고하기 ✓ 일대일 역량 면담하기

주요 패턴	주요 문법	페이지
■ ~致します。 ■ ~ばよろしいでしょうか。 ■ ~ていただけますか。	■ 조동사 ようだ ■ 명사 + の / 동사의 기본형·과거형 + ついでに	13
■ ~(の)場合 ■ ~につながります。 ■ ~とおりにしてください。	■ 동사 기본형·부정형 + ようにする ■ 동사 て형 + てはいけない	21
■ ~でございます。 ■ ~におつなぎします。 ■ ~とのことです。	■ 명사 / 형용사 / 동사 + なら ■ 동사 て형 + ておく	29
■ ~でいらっしゃいますね。 ■ 差し支えなければ ■ 残念ですが	■ 동사 정중형(ます형) + そうだ ■ 동사 정중형(ます형) + かねる	37
■ ~でご迷惑をおかけしました。 ■ お詫び申し上げます。 ■ ~たく存じます。	■ 동사 과거형(た형) + ところ ■ 동사 과거형(た형) + つもりだ	45
■ 恐縮ですが ■ (~て)いただければ幸いに存じます。 ■ お言葉に甘えて	■ どうしても + 동사 가능 부정형 ■ 동사 기본형·부정형 + わけにはいかない	53
■ 念のため(に) ■ お手数ですが ■ ~て助かりました。	■ 동사 정중형(ます형) + ようがない ■ 명사/い형용사/な형용사/동사 보통형 + かと思われる	61
■ 手短にまとめますと ■ ~につきましては ■ ~は~が持ちます。	■ 동사 て형 + いるところだ ■ 동사 사역 て형 + ください	69

부록	⊘ 필수 어휘 & 보충 어휘 모음　⊘ 본문 해설 모음	77

1課 　入社（にゅうしゃ）

입사

학습목표
① 회사의 신규 입사자로서 적절한 방법으로 직원들과 인사를 나눌 수 있다.
② 사내 비품 사용법에 대해 문의하고 안내를 받을 수 있다.

주요패턴
- ～致（いた）します。　　　～해 드리겠습니다. (～하겠습니다.)
- ～ばよろしいでしょうか。　～하면 되겠습니까?
- ～ていただけますか。　　　～해 주시겠습니까?

イメージトーク
이미지 토크

다음 사진을 보면서 아래의 키워드를 활용하여 주어진 상황에 대해 일본어로 말해 봅시다.

Key Words: 会社員（かいしゃいん） / 上司（じょうし） / 挨拶（あいさつ） / スーツ / 笑顔（えがお）

01 ▶ 위 사진을 보고 상황, 인물 등에 대해 자유롭게 묘사해 봅시다.
02 ▶ 첫 출근 날에는 어떤 복장을 하고, 어떤 표정으로 인사하는 것이 좋을까요? 이야기 해 봅시다.

01 語彙(ごい)
필수! BIZ 어휘

아래 어휘를 따라 읽고, 빈 칸을 채워 문장을 완성해 봅시다. 🎧

- □ 正社員(せいしゃいん) — 정사원
- □ 新入社員(しんにゅうしゃいん) — 신입사원
- □ 新卒(者)(しんそつしゃ) — 새로 졸업한 사람
- □ 新人(しんじん) — 신입
- □ 経験者(けいけんしゃ) — 경력자
- □ 同期(どうき) — 동기
- □ 研修(けんしゅう) — 연수
- □ 席(せき) — 자리
- □ 出社(しゅっしゃ) — 출근
- □ 退社(たいしゃ) — 퇴근

- □ さきほど — 조금 전
- □ まず — 우선
- □ 常(つね)に — 항상
- □ 精一杯(せいいっぱい) — 성심껏
- □ 多忙(たぼう)だ — 매우 바쁘다
- □ 尋(たず)ねる — 물어보다
- □ メモを取(と)る — 메모를 하다
- □ 教(おそ)わる — 배우다
- □ お願(ねが)いする — 부탁드리다
- □ 指示(しじ)を仰(あお)ぐ — 지시를 받다

어휘 Check! 빈칸 채우기

| 보기 | 多忙(たぼう) | お願(ねが)い | 出社(しゅっしゃ) |

1. _____ は午前(ごぜん)9時までにしてください。
   출근은 오전 9시까지 해 주세요.

2. 経理部(けいりぶ)は _____ な部署(ぶしょ)です。
   경리부는 매우 바쁜 부서입니다.

3. よろしく _____ いたします。
   잘 부탁 드립니다.

정답
1. 出社(しゅっしゃ)
2. 多忙(たぼう)
3. お願(ねが)い

02 表現(ひょうげん)
필수! BIZ 표현

아래 문장을 읽고, 패턴을 활용해 새로운 문장을 만들어 봅시다.

01 ~致(いた)します。 ~해 드리겠습니다. (~하겠습니다.)

① 送付(そうふ)致(いた)します。
송부 드리겠습니다.

② 後(のち)ほど書類(しょるい)をお配(くば)り致(いた)します。
잠시 후 서류를 배부해 드리겠습니다.

③ _____ 致(いた)します。
해 드리겠습니다.

Tip!
致(いた)しますと
단독으로 쓸 수 있으며,
이 때는 '하겠습니다.'
라는 겸양의 의미가 된다.
例)
今日中(きょうじゅう)に私(わたし)が致(いた)します。
오늘 중으로 제가 하겠습니다.

02 ~ばよろしいでしょうか。 ~하면 되겠습니까?

① どのようにすればよろしいでしょうか。
어떻게 하면 되겠습니까?

② 出社後(しゅっしゃご)、A会議室(かいぎしつ)に集(あつ)まればよろしいでしょうか。
출근하고 나서 A회의실에 모이면 되겠습니까?

③ _____ ばよろしいでしょうか。
면 되겠습니까?

03 ~ていただけますか。 ~해 주시겠습니까?

① このレポートを確認(かくにん)していただけますか。
이 리포트를 확인해 주시겠습니까?

② ご一緒(いっしょ)に来(き)ていただけますか。
함께 와 주시겠습니까?

③ _____ ていただけますか。
해 주시겠습니까?

당당한 비즈니스 일본어 | 베이직 **15**

03 会話
필수! BIZ 회화

상황 ① ▶ 신규 입사자로서 인사하기

課長　皆さん、今日からうちで頑張る社員を紹介します。じゃ、挨拶して。

キム　初めまして。キム・キョンアです。韓国から参りました。仕事をはやく学んで皆様の力になりたいです。どうぞよろしくお願い致します。 [표현❶]

課長　林さん、キムさんにカリキュラムを教えてあげて。

林　初めまして。林です。今年で3年目です。ここは多忙だから頑張りましょう。

キム　はい。精一杯、努力致します。ところで、どう呼べばよろしいでしょうか。 [표현❷]

林　林さんでいいですよ。わからないことがあったら必ず聞いてください。

キム　はい。では、この表の見方を教えていただけますか。 [표현❸]

林　いいですよ。その前にまずキムさんの席から案内しますね。

확인 질문

Q.1 キムさんは誰に仕事を教わりますか。

Q.2 林さんはキムさんとどんな関係ですか。

보충 어휘　うち 우리 ｜ 学まなぶ 배우다 ｜ 力からになる 힘이 되다 ｜ 見方みかた 보는 방법

상황 ❷ ▶ 비품 사용법 문의하기

チョ 失礼致します。コピー用紙が切れたようですが、いつものところにも見当たりません。

川本 それなら備品室に取りに行ってください。キーはどこか知っていますか。

チョ はい。あの、キーがいくつかありますね。これでよろしいでしょうか。

川本 はい、それです。ついでに赤と黒のマーカー1ダースずつお願いします。

チョ わかりました。備品室はたしか…3階でしたか。

川本 いいえ。この階です。戻ったら休憩してください。

チョ ありがとうございます。ところであの戸棚にあるコーヒーはどなたのでしょうか。

川本 あれはこの課のみんなのです。切れたら経費からまた買うので自由に飲んでください。

확인 질문

Q1. チョさんは備品室に何を取りに行きますか。

Q2. 川本さんがチョさんに教えた三つの内容は何ですか。

보충 어휘 切きれる 떨어지다, 끊기다 | 見当みあたらない 있던 것이 보이지 않다 | ダース 다스(12개짜리 한 세트)
たしか 분명히 | 戸棚とだな 찬장

04 文法
필수! BIZ 문법

01 조동사 ようだ ~인(한) 듯하다

★ 상태나 상황을 완곡하게 말할 때 사용하는 조동사로, 명사·형용사·동사 뒤에 쓰인다.

★ ようだ에 역접인 접속조사 が를 붙이면 '~인(한) 것 같은데' 또는 '~일(할) 텐데' 라는 의미가 된다. 단, 바로 が를 붙이면 보통체(반말)가 되니, 경어로 말할 때는 정중형(です)으로 바꾸고 が를 붙여야 한다.

例 あいにく雨のようですが…。
공교롭게도 우천인 듯합니다만...

あいにく 공교롭게도

例 来週から新人教育があるようですが用意はできていますか。
다음주부터 신입사원 교육이 시작될 텐데 준비는 되어 있습니까?

用意ようい 준비, 대비

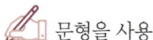 문형을 사용하여 작문해 봅시다.

1. 部長は朝8時に出社して ＿＿＿＿＿＿ ようですがお疲れではないですか。

02 명사 + の / 동사의 기본형·과거형 + ついでに ~하는 김에

★ 어떤 일을 할 기회를 이용해서, 다른 일도 한다고 말할 때에 사용한다.

例 役員室に行くついでにこの資料も持って行ってください。
임원실에 가는 김에 이 자료도 가지고 가주세요.

役員室やくいんしつ 임원실
資料しりょう 자료

例 休憩のついでに自販機のコーヒーを飲みます。
일하다 쉬는 김에 자판기 커피를 뽑아 마십니다.

Tip ついでに는 단독으로 쓸 수 있다.

例 ついでにこれもチェックしておいてください。
이 참에 이것도 체크해 두세요.

문형을 사용하여 작문해 봅시다.

1. 外出のついでに ＿＿＿＿＿＿ 。

05 応用練習
응용 연습

빈칸을 채워 대화문을 완성하고, 파트너와 말하기 연습을 해 봅시다.

01

課長 | 明日の会議に参加できない人はいますか。

私 | _____。
▶ 네, 다카다씨가 외근을 가서 못 오시는 것 같습니다.

02
私 | 何かお飲み物を買って来ましょうか。

課長 | _____。
▶ 그럼 매점에 가는 김에 봉투도 하나 부탁할게.

03
私 | _____。
▶ 부장님, 지금 출발하겠습니다.

部長 | 渋滞しているみたいだけど間に合うかな。

04
私 | _____。
▶ 요원을 몇명 보충하면 되겠습니까?

部長 | うちはとりあえず二人は要るね。

05
私 | _____。
▶ 작성한 파일을 봐 주시겠습니까?

課長 | ああ、終わりましたか。ご苦労様。

보충 어휘 外回そとまわりに行いく 외근을 가다 | 売店ばいてん 매점 | 封筒ふうとう 봉투 | 渋滞じゅうたい 정체 | 間まに合あう 늦지 않다 | 要員よういん 요원 | 補充ほじゅうする 보충하다 | とりあえず 일단 | 要いる 필요하다 | 作成さくせいする 작성하다 | ドキュメント PC파일

당당한 비즈니스 일본어 | 베이직 **19**

06 ロールプレー
필수! BIZ 롤플레이

학습한 주요 어휘 및 표현을 활용하여, 다음과 같은 상황에서 파트너와 롤플레이를 진행해 봅시다.

> **状況(じょうきょう)** 오늘 팀에 새로운 신입사원이 배정되었습니다. 팀원들과 신입사원이 서로 첫인사를 나누며, 비품 사용과 관련하여 질의응답을 합니다.

新入社員(しんにゅうしゃいん)
1. 상사나 선배가 팀원들에게 나를 소개하면, 입사 인사를 합니다.
2. 상사나 선배에게 특정 비품의 위치를 문의합니다.

上司(じょうし)、先輩(せんぱい)
1. 팀원들에게 신입사원을 간단히 소개한 후, 직접 인사를 하게 해 줍니다.
2. 신입사원이 문의하는 비품에 대해 알맞게 답변해 줍니다.

BIZ Tip!
직급과 호칭

우리나라와 일본의 직급 체계는 공통점이 많다. 그러나 일본에서는 '대리' 직급이 거의 사용되지 않는 대신, 우리나라의 일반 사기업에서 잘 쓰이지 않는 '계장' 직급이 주로 사용된다는 점에 주의하자.

しゃいん 社員 사원	しゅにん 主任 주임	かかりちょう 係長 계장	かちょう 課長 과장	じちょう 次長 차장	ぶちょう 部長 부장	ほんぶちょう 本部長 본부장
とりしまりやく 取締役 이사	じょうむ 常務 상무	せんむ 専務 전무	ふくしゃちょう 副社長 부사장(COO)	しゃちょう 社長 사장(CEO)	かいちょう 会長 회장	

호칭 呼(よ)び方(かた)

1. 회사에서는 선배에게 先輩(せんぱい)라고 부르지 않고 성에 さん을 붙여 부른다. さん을 붙여 부르는 것을 さん付(づ)け라고 하고, 그렇게 부르기를 부탁할 때 「さん付けで呼んでください。」라고 말하기도 한다.

2. 한국어의 '부장님'과 같이 상사 직급에 '님(様さま)'을 붙이지 않는다. 거래처 상사를 부를 때는 部長(ぶちょう)の○○様(さま)라고 해야 하며, 거래처와의 상하관계에 따라 部長(ぶちょう)の○○さん이라고 하는 경우도 있다.

3. 한국에서 '사장님'은 작은 가게의 주인부터 대기업 사장까지를 뜻하지만 일본에서는 한 점포의 주인을 '점장(店長てんちょう)'이라고 부른다. 가게를 두 군데 이상 경영하면 '사장(社長しゃちょう)'이라고 한다.

2課 実務教育
실무 교육

학습목표
① 사내 규정 중 의무/금기사항에 대해 인수인계를 하거나 받을 수 있다.
② 서류 업무에 사용되는 어휘 및 표현을 배울 수 있다.

주요패턴
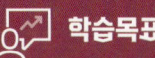
- ~(の)場合　　　　　　~(의) 경우
- ~につながります。　　 ~로 이어집니다。
- ~とおりにしてください。~대로 해 주세요。

イメージトーク
이미지 토크

다음 사진을 보면서 아래의 키워드를 활용하여 주어진 상황에 대해 일본어로 말해 봅시다.

| Key Words | 説明 | ルール | 教育係 | 詳しい | セミナールーム |

01 ▸ 위 사진을 보고 상황, 인물에 대해 자유롭게 묘사해 봅시다.
02 ▸ 신규 입사자가 첫 날 어떤 교육들을 받게 되는지 알고 있는 대로 이야기 해 봅시다.

01 語彙
필수! BIZ 어휘

아래 어휘를 따라 읽고, 빈 칸을 채워 문장을 완성해 봅시다. 🎧

☐ 禁止	금지		☐ マニュアル	매뉴얼
☐ 事項	사항		☐ 下記	하기
☐ 決まり	규정, 규칙		☐ 目を通す	훑어보다
☐ 厳守	엄수		☐ マナー	매너
☐ 集合	집합		☐ 違反する	위반하다
☐ 解散	해산		☐ 方針	방침
☐ 手続き	수속		☐ 扱う	취급하다
☐ スムーズに	순조롭게		☐ 十分(に)	충분히
☐ 引継ぎ	인수인계		☐ 機密	기밀
☐ 引き継ぐ	인수인계하다		☐ 漏れる	새다

어휘 Check! 빈칸 채우기

보기 スムーズに   マニュアル   決まり

1. _____ をよく読んでみてください。
   매뉴얼을 잘 읽어 보세요.

2. メールは24時間以内に回答するのが _____ です。
   이메일은 24시간 이내에 회신하는 것이 규칙입니다.

3. 仕事は _____ 進んでいますか。
   일은 순조롭게 진행되고 있습니까?

정답
1. マニュアル
2. 決まり
3. スムーズに

02 表現(ひょうげん)
필수! BIZ 표현

아래 문장을 읽고, 패턴을 활용해 새로운 문장을 만들어 봅시다.

01 ~(の)場合(ばあい) ~(의) 경우

1. スケジュール変更(へんこう)の場合(ばあい)、メールに理由(りゆう)を先(さき)に書(か)くのは良(よ)くないです。
   일정 변경이 된 경우, 메일에 이유를 먼저 쓰는 것은 좋지 않습니다.

2. お客様(きゃくさま)のご希望(きぼう)がある場合(ばあい)は例外(れいがい)です。
   고객님이 원하실 경우는 예외입니다.

3. ＿＿＿＿＿＿＿＿＿＿場合(ばあい)、＿＿＿＿＿＿＿＿＿＿。
   　　　　　　　경우,

02 ~につながります。 ~로 이어집니다.

1. 独断(どくだん)は失敗(しっぱい)につながります。
   독단은 실패로 이어집니다.

2. 節約(せつやく)は利益(りえき)につながります。
   절약은 이익으로 이어집니다.

3. ストレスは＿＿＿＿＿＿＿＿＿＿につながります。
   스트레스는　　　　　　　　　로 이어집니다.

03 ~とおりにしてください。 ~대로 해 주세요.

1. 言(い)ったとおりにしてください。
   말한 대로 해 주세요.

2. 下記(かき)のとおりにしてください。
   아래와 같이 해 주세요.

3. ＿＿＿＿＿＿＿＿＿＿とおりにしてください。
   　　　　　　　　대로 해 주세요.

03 会話
필수! BIZ 회화

상황 ❶ ▶ 사내 규정 인수인계

山下: 出社後、朝礼で前日の業務報告をします。集合時間は厳守してください。

ユン: はい。副業は禁止とありますが、自宅でするものでもいけませんか。

山下: 自宅ですか。仕事に影響がなければ特に問題はないと思います。

ユン: 承知しました。お客様とのやり取りは就業時間以外にもありますか。

山下: 基本的にはありません。就業時間以外の場合、お客様とはメールのみの対応です。そして機密は漏れないようにお願いします。会社の信用問題につながりますから。

ユン: はい。残業はしないという決まりですが、これも絶対なんでしょうか。

山下: そうです。規則どおりにしてください。引継ぎは明日までなのでマニュアルに十分、目を通してください。

Tip! "알겠습니다."라는 대답은 일반적으로 「わかりました。」로 알려져 있지만 비즈니스에서는 상하관계가 분명한 상사와 고객에게는 다음과 같이 말한다. 특히 고객에게는 주의해야 한다.

例 承知致しました。　　例 かしこまりました。

※「了解りょうかいしました。」는 윗사람에게 쓰지 않는다.

확인 질문

Q.1 出社したらはじめに何をしますか。

Q.2 就業時間以外には、お客様とはどのようにやり取りをする決まりですか。

보충 어휘　朝礼ちょうれい 조례 ｜ やり取とり 거래, 대화 ｜ 就業時間しゅうぎょうじかん 업무시간 ｜ のみ ~만
　　　　　　対応たいおう 대응 ｜ 信用しんよう 신용

상황 ❷ ▶ 서류 업무 처리하기 🎧

パク　　この会社の顧客管理表はどこでしょうか。

北野　　まだないです。新規の場合、見積書と契約書の作成が先になりますよ。

パク　　見込みの会社ですか。では見積書から作成すればよろしいですか。

北野　　昨日、問い合わせがあったんです。まずはヒアリングからしないといけませんね。

パク　　それは営業の方がしますか。それとも私がする仕事でしょうか。

北野　　これは私たち、営業事務の仕事です。でもパクさんはまだ一人では無理なので今回は私が一緒にします。また、もしお客様の強い要望があればこちらの都合を優先してはいけません。

パク　　はい、かしこまりました。ところで、こちらのお得意様の請求書はいつ発行しますか。

北野　　営業マンから請求額がメールで来てからしてください。

확인 질문

Q1. 新規のお客様には何からして何を準備しますか。

Q2. 北野さんは何をしてはいけないと言いましたか。

보충 어휘　見積書みつもりしょ 견적서 ｜ 見込みこみ 예상 ｜ 問とい合あわせ 문의
ヒアリング 히어링, 청문(영어 'hearing'에서 온 외래어이고, '상대편의 말을 듣고 정보를 습득하는' 의미) ｜ 営業事務えいぎょうじむ 영업사무
都合つごう 사정 ｜ お得意様とくいさま 단골 고객 ｜ 発行はっこう 발행 ｜ 営業えいぎょうマン 영업사원

04 文法
필수! BIZ 문법

01 동사 기본형·부정형 + ようにする ~하(지 않)도록 하다

★ '~하(지 않)도록 한다'와 같이 그렇게 되게 하거나, 되지 않게 한다는 노력과 의지를 표현할 때 사용한다.

例 誤字がないようにしましょう。
오타가 없도록 합시다.

誤字ごじ 오타

例 グラフが見やすいようにしてください。
그래프를 보기 쉽도록 해 주세요.

문형을 사용하여 작문해 봅시다.

1. 明日は早朝会議なので _____ ように来てください。

02 동사 て형 + てはいけない ~해서는 안 된다

★ 금지의 표현이다. ～てはならない와 ～てはだめだ도 동일한 의미이지만 ～てはいけない가 비교적 부드럽게 들린다.

例 仕事中に断りなく社外に出てはいけません。
업무 중에 허락 없이 회사 밖으로 나가서는 안 됩니다.

断ことわりなく 허락 없이

例 電話の時、大きな声で内容を話してはいけないです。
통화 시, 큰 목소리로 내용을 말하면 안 됩니다.

문형을 사용하여 작문해 봅시다.

1. 無断で _____ てはいけません。

05 応用練習
応用 연습

빈칸을 채워 대화문을 완성하고, 파트너와 말하기 연습을 해 봅시다.

01
 私 | 先方に契約書の原本を送りたいのですが。

 課長 | ＿＿＿＿＿＿＿＿＿＿＿＿＿＿＿＿＿＿＿＿＿＿＿＿＿＿＿＿＿＿＿＿。
▶ 계약서인 경우 일반우편(メール便びん)으로 보내면 불법이니 주의하세요.

02
 課長 | ＿＿＿＿＿＿＿＿＿＿＿＿＿＿＿＿＿＿＿＿＿＿＿＿＿＿＿＿＿＿＿＿。
▶ 시간엄수는 회사의 신용으로 이어집니다.

 私 | 申し訳ございません。今後、注意致します。

03
 私 | 伝票の入金の日付けは、記帳された日ですか。

 課長 | ＿＿＿＿＿＿＿＿＿＿＿＿＿＿＿＿＿＿＿＿＿＿＿＿＿＿＿＿＿＿＿＿。
▶ 아니요, 보통 전표를 끊은 날의 날짜입니다.

04
 私 | 私は明日、お得意様のご一行をご案内する予定です。

 課長 | ＿＿＿＿＿＿＿＿＿＿＿＿＿＿＿＿＿＿＿＿＿＿＿＿＿＿＿＿＿＿＿＿。
▶ 무례하지 않게 해 주세요. 잘 부탁해요.

05
 私 | 返信メールを本日中に送りたいと思います。

 課長 | ＿＿＿＿＿＿＿＿＿＿＿＿＿＿＿＿＿＿＿＿＿＿＿＿＿＿＿＿＿＿＿＿。
▶ 오후 7시 이후에 보내면 안 돼요.

보충 어휘 先方せんぽう 상대방 | 原本げんぽん 원본 | メール便びん 택배사가 하는 서류운반 서비스 | 違法いほう 불법 | 今後こんご 앞으로 | 記帳きちょう 장부에 기입함 | 伝票でんぴょうを切きる 전표를 끊다 | 日付ひづけ 날짜 | 一行いっこう 일행 | 本日ほんじつ(中ちゅう) 오늘(중) | 以降いこう 이후

06 ロールプレー
필수! BIZ 롤플레이

학습한 주요 어휘 및 표현을 활용하여, 다음과 같은 상황에서 파트너와 롤플레이를 진행해 봅시다.

状況 じょうきょう	오늘 팀에 새로운 신입사원이 배정되었습니다. 팀장의 지시로 선배가 사원에게 회사 규정, 팀 내 업무 프로세스 등 기본적인 실무 교육을 진행해 줍니다.

先輩 せんぱい
1. 회사 규정이나 팀 내 업무 프로세스에 대해 3개 이상 사원에게 설명해 줍니다.
2. 사원의 질문에 대해 보다 구체적인 업무 방법을 설명해 주고, 주의사항을 강조합니다.

社員 しゃいん
1. 선배가 설명해 준 내용 중 궁금한 점을 하나 골라 구체적인 방법을 질문합니다.
2. 주의사항에 대해 명심할 것을 약속하고, 친절한 설명에 대해 감사를 표현합니다.

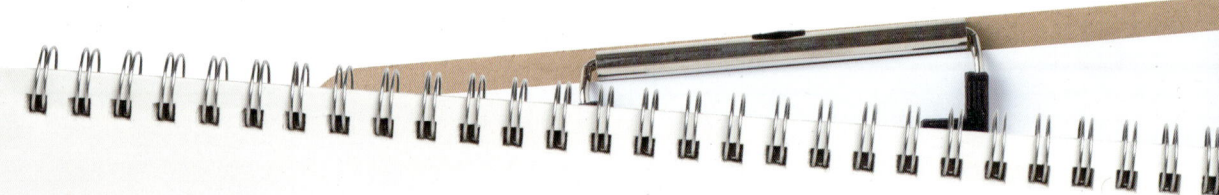

BIZ Tip!
호렌소 원칙

報連相 ほうれんそう

'시금치'와도 동음이의어인 이 표어는 보고(報告 ほうこく), 연락(連絡 れんらく), 상담(相談 そうだん)의 첫 글자를 따서 만든 말이며 업무 진행 상황을 빼놓지 않고 상부에 보고함으로써 업무 차질을 미연에 방지하자는 의미이다. 부하직원에게 강조되는 ほうれんそう와 같이, 상사에게도 다음과 같은 표어가 있다.

- ほう : 報告
- れん : 連絡
- そう : 相談

おひたし

- お : 怒らない おこ 화를 내지 않는다.
- ひ : 否定しない ひてい 부정하지 않는다.
- た : 助ける(困り事があれば) たす こま ごと 도와준다.(문제가 있을 때)
- し : 指示する しじ 지시한다.

💡 '오히타시'는 나물의 소금무침을 뜻합니다.

3課 電話のやり取り

전화 통화

학습목표
1. 전화를 받아 상대방의 전달사항에 대한 메모를 남길 수 있다.
2. 전화를 걸어 상대방에게 전달사항을 명확히 전달할 수 있다.

주요패턴
- ~でございます。　　　'~입니다'의 겸양 표현
- ~におつなぎします。　~에 연결해 드리겠습니다.
- ~とのことです。　　　~라고 합니다. (~라는 내용입니다.)

イメージトーク
이미지 토크

다음 사진을 보면서 아래의 키워드를 활용하여 주어진 상황에 대해 일본어로 말해 봅시다.

Key Words: 電話がかかってくる / 明るい声 / 尋ねる / メモを取る / 電話に出る

01 ▶ 위 사진을 보고 상황, 인물에 대해 자유롭게 묘사해 봅시다.
02 ▶ 업무 전화를 받을 때는 무엇에 신경 써야 할까요? 자유롭게 이야기 해 봅시다.

01 語彙
필수! BIZ 어휘

아래 어휘를 따라 읽고, 빈 칸을 채워 문장을 완성해 봅시다. 🎧

☐ 受話器	수화기	☐ 保留にする	보류하다
☐ 卓上電話	탁상 전화	☐ 電話が遠い	전화 소리가 작게 들리다
☐ 内線(番号)	내선(번호)	☐ 電話を切る	전화를 끊다
☐ 手元	손이 미치는 범위	☐ 取り次ぎ	당겨 받기
☐ 少々	잠시	☐ 名乗る	자신의 이름을 대다
☐ 至急	시급히	☐ (〜に)代わる	(〜에게) 바꾸다
☐ 簡潔に	간결하게	☐ 復唱する	복창하다
☐ 応対	응대	☐ 伝言	전언, 말을 전함
☐ 電話が鳴る	전화가 울리다	☐ 聞き直す	다시 물어보다
☐ 電話を取る	전화를 받다	☐ 承る	받다 (겸양어)

어휘 Check! 빈칸 채우기

보기 応対 簡潔に 電話が遠い

1. 通話内容は _____ したほうがいいです。
   통화 내용은 간결하게 하는 것이 좋습니다.

2. すみません、_____ です。
   죄송합니다. 전화 소리가 작게 들립니다.

3. 電話 _____ は業務の基本です。
   전화 응대는 업무의 기본입니다.

정답
1. 簡潔に
2. 電話が遠い
3. 応対

02 表現
필수! BIZ 표현

아래 문장을 읽고, 패턴을 활용해 새로운 문장을 만들어 봅시다.

01　~でございます。　'~입니다'의 겸양 표현

1. こちらでございます。
   이쪽입니다.

2. 明日、出張の予定でございます。
   내일 출장을 갈 예정입니다.

3. ＿＿＿＿＿＿＿＿＿＿＿＿＿＿でございます。
   　　　　　　　　　　　　　입니다.

02　~におつなぎします。　~에 연결해 드리겠습니다.

1. 担当者におつなぎします。
   담당자에게 연결해 드리겠습니다.

2. 内線21番におつなぎします。
   내선번호 21번에 연결해 드리겠습니다.

3. ＿＿＿＿＿＿＿＿＿＿＿＿におつなぎします。
   　　　　　　　　에 연결해 드리겠습니다.

03　~とのことです。　~라고 합니다. (~라는 내용입니다.)

1. 急ぎとのことです。
   급한 일이라고 합니다.

2. お客様が1時間後に到着するとのことです。
   고객님께서 1시간 후에 도착하신다고 합니다.

3. ＿＿＿＿＿＿＿＿＿＿＿＿とのことです。
   　　　　　　　라고 합니다.

03 会話
필수! BIZ 회화

상황 ❶ ▶ 전화 받기(메모 남기기)

チョン： はい。こちら企画部でございます。 [표현❶]

松原： お疲れ様です。松原ですが、課長はいらっしゃいますか。

チョン： お疲れ様です。課長はただいま会議中ですので伝言を承りますが。

松原： 実は工場長によると試作品試験の結果、問題があるようなんです。

チョン： そうですか。では再調整が必要ですね。

松原： はい。それと製造部長が明日、急用でミーティングの参加は無理とのことです。 [표현❸]

チョン： かしこまりました。課長が戻られたらそのようにお伝えしておきます。

松原： はい。よろしくお願いします。では失礼致します。

확인 질문

Q1. 松原さんの伝言は何ですか。

Q2. チョンさんはなぜ伝言を承りましたか。

보충 어휘 　試作品 しさくひん 시작품　│　再調整 さいちょうせい 재조정　│　急用 きゅうよう 급한 일

상황 ❷ ▶ 전화 걸기

シン　　　　こちら営業部ですが、佐久間部長お願いします。

品質管理課　はい。今、こちらの部長と会議室にいらっしゃるので、すぐそちらの内線におつなぎします。

部長　　　　はい。佐久間です。

シン　　　　部長、会議中に申し訳ありません。シンですが明日の商談の件で連絡致しました。

部長　　　　どうかしましたか。

シン　　　　明日、欠員が一人出るようなんです。

部長　　　　メンバーを補充するなら品質課の田中さんにお願いしてみてください。

シン　　　　はい。かしこまりました。それでは失礼致します。

확인 질문

Q1. シンさんの電話の用件は何ですか。

Q2. シンさんが電話した時、佐久間部長はどこで何をしていましたか。

보충 어휘　品質管理課 ひんしつかんりか 품질관리과　|　商談 しょうだん 상담(신규 비즈니스 권유)　|　欠員 けついん 결원

04 文法
필수! BIZ 문법

---

01 명사 / 형용사 / 동사 + なら ～이라면, ～한다면

★ 가정형으로 사용되고, '~였다면', '~했다면'과 같이 과거형으로 사용할 수도 있다.
조사 뒤에도 연결이 된다.

例 来週<ruby>らいしゅう</ruby>なら無料<ruby>むりょう</ruby>サンプルの配布<ruby>はいふ</ruby>が可能<ruby>かのう</ruby>です。
다음주라면 무료샘플의 배포가 가능합니다.

サンプル 샘플
配布 はいふ 배포

例 韓国語<ruby>かんこくご</ruby>にならすぐ翻訳<ruby>ほんやく</ruby>できます。
한국어라면 바로 번역이 됩니다.

翻訳 ほんやく 번역

✎ 문형을 사용하여 작문해 봅시다.

1> _____ なら _____ 。

---

02 동사 て형 + ておく ～해 두다, ～해 놓다

★ 어떤 일에 대비해서 미리 해 둔다는 의미이다.

例 伝言<ruby>でんごん</ruby>をメモしておきました。
전언을 메모해 두었습니다.

例 アポイントを取<ruby>と</ruby>っておいてください。
약속을 미리 잡아 두세요.

アポイントを取<ruby>と</ruby>る
약속을 잡다

✎ 문형을 사용하여 작문해 봅시다.

1> _____ リサーチしておきました。

05 応用練習 / 응용 연습

빈칸을 채워 대화문을 완성하고, 파트너와 말하기 연습을 해 봅시다.

01

課長 | 発注はいつですか。

私 | _____ 。
▶ 내일 오전 중 입니다.

02

他部署 | こちら生産課ですが川上課長はいらっしゃいますか。

私 | _____ 。少々、お待ちください。
▶ 내선번호 31번에 연결해 드리겠습니다.

03

私 | _____ 。
▶ 전시회 행사장이 호텔로 결정되었다고 합니다.

課長 | 次は参加するスタッフの決定ですね。

04

私 | 申し訳ありませんが、もう一度おっしゃってくださいませんか。

課長 | _____ 。
▶ 전화가 잘 안 들린다면 끊고 다시 하지요.

05

課長 | お客様に日時変更のことを伝えましたか。

私 | _____ 。
▶ 네, 메일과 전화로 전달해 두었습니다.

보충 어휘 発注はっちゅう 발주 (물건 주문하기) | 生産課せいさんか 생산과 | 展示会てんじかい 전시회
会場かいじょう 행사장 | 聞きこえない 안 들리다 | 日時にちじ 일시

06 ロールプレー
필수! BIZ 롤플레이

학습한 주요 어휘 및 표현을 활용하여, 다음과 같은 상황에서 파트너와 롤플레이를 진행해 봅시다.

> **状況(じょうきょう)** 홍보부에서 급한 일로 인사부 부장에게 전화를 걸었지만, 인사부 사원이 전화를 대신 받았습니다.

広報部社員(こうほうぶしゃいん)
① 인사부에 전화를 걸어 인사부 부장님이 계신지 문의합니다.
② 인사부 사원에게 용건을 전달합니다.

人事部社員(じんじぶしゃいん)
① 전화를 받아 부장님이 부재중이심을 알리고, 대신 내용을 전달하겠다고 답변합니다.
② 홍보부 사원의 용건을 듣고 전달 사항을 메모합니다.

BIZ Tip!
전화 응대 시 필수 표현

① 오전 11시경까지
おはようございます。会社名(かいしゃめい) / 部署名(ぶしょめい)でございます。

② 3번 이상 벨이 울렸을 때
お待(ま)たせ致(いた)しました。会社名(かいしゃめい) / 部署名(ぶしょめい)でございます。

> Tip 기본적으로 전화 벨이 3번 이상 울리기 전에 받도록 한다.

③ 많이 기다리게 했을 때
大変(たいへん)、お待(ま)たせ致(いた)しました。会社名(かいしゃめい) / 部署名(ぶしょめい)でございます。

④ 전화를 돌릴 때
少々(しょうしょう)、お待(ま)ちください。

⑤ 전화를 끊을 때
失礼致(しつれいいた)します。

4課 取引先とのやり取り
거래처 응대

 학습목표
① 거래처의 주문 의뢰를 받고 상세 내용을 확인할 수 있다.
② 거래처의 긴급한 요청에 대해 처리할 수 없음을 전할 수 있다.

 주요패턴
- ~でいらっしゃいますね。　　~가 맞으시지요. (~이시네요.)
- 差し支えなければ　　괜찮으시다면
- 残念ですが　　유감스럽지만

イメージトーク
이미지 토크

다음 사진을 보면서 아래의 키워드를 활용하여 주어진 상황에 대해 일본어로 말해 봅시다.

Key Words | 取引先 | 依頼 | 後ほど | 答える | 確認する

01 ▶ 위 사진을 보고 상황, 인물에 대해 자유롭게 묘사해 봅시다.
02 ▶ 거래처로부터 긴급한 요청사항이 있을 때 어떻게 대처해야 할까요? 이야기 해 봅시다.

01 語彙
필수! BIZ 어휘

아래 어휘를 따라 읽고, 빈 칸을 채워 문장을 완성해 봅시다. 🎧

☐ 承諾する	승낙하다	
☐ 緊急	긴급	
☐ 要請	요청	
☐ 要求	요구	
☐ 発注元	발주처, 주문처	
☐ 発注先	수주처, 판매처	
☐ 納品	납품	
☐ 仕入れ	매입	
☐ 誠に	참으로	
☐ 同品	같은 제품	

☐ 品切れ	품절	
☐ ご本人様	본인 (존경어)	
☐ ～にて	~로 (정중 표현)	
☐ 存じる	알다 (겸양어)	
☐ 席を外す	자리를 비우다	
☐ ご要望に沿えず	요청에 부응하지 못해서	
☐ 期日	기일	
☐ お世話になる	신세를 지다	
☐ 勝手ですが	제멋대로이지만	
☐ 詳細	상세 내용	

어휘 Check! 빈칸 채우기

보기　　同品　　納品　　にて

1. 木曜日までに ＿＿＿＿＿ 致します。
   목요일까지 납품하겠습니다.

2. ＿＿＿＿＿ で300個お願いします。
   같은 제품으로 300개 부탁합니다.

3. メール ＿＿＿＿＿ ご連絡いたします。
   메일로 연락 드리겠습니다.

정답
1. 納品の(のうひん)
2. 同品の(どうひん)
3. にて

第4課 • 取引先とのやり取り　거래처 응대

02 表現(ひょうげん)
필수! BIZ 표현

아래 문장을 읽고, 패턴을 활용해 새로운 문장을 만들어 봅시다.

01 ~でいらっしゃいますね。 ~가 맞으시지요. (~이시네요.)

1. 太田商事(おおたしょうじ)の市村(いちむら)さまでいらっしゃいますね。
   오오타 상사의 이치무라님이 맞으시지요.

2. ご本人様(ほんにんさま)でいらっしゃいますね。
   본인께서 맞으시지요.

3. _____でいらっしゃいますね。
   이(가) 맞으시지요.

02 差(さ)し支(つか)えなければ 괜찮으시다면

1. 差し支えなければお電話番号(でんわばんごう)をよろしいでしょうか。
   괜찮으시다면 전화번호를 알려 주시겠습니까?

2. 差し支えなければ理由(りゆう)をお聞(き)かせいただけますか。
   괜찮으시다면 이유를 말씀해 주시겠습니까?

3. 差し支えなければ_____。
   괜찮으시다면_____?

03 残念(ざんねん)ですが 유감스럽지만

1. 誠(まこと)に残念(ざんねん)ですが次回(じかい)のご提案(ていあん)をお待(ま)ちしております。
   매우 유감스럽지만 다음 제안을 기대하겠습니다.

2. 残念(ざんねん)ですが現在同品(げんざいどうひん)は品切(しなぎ)れでございます。
   유감스럽지만 현재 같은 제품은 품절입니다.

3. 残念(ざんねん)ですが_____。
   유감스럽지만

03 会話
필수! BIZ 회화

상황 ① ▶ 거래처 주문 받기(의뢰와 승낙)

ホン　お電話ありがとうございます。ダイヤ広告でございます。

発注元　お世話になっております。ハート化粧品、企画部の星野です。
　　　　4月に発売予定の美肌ジェルの件でお電話しました。

ホン　ハート化粧品の星野様でいらっしゃいますね。 表現❶ いつもお世話になっております。

発注元　ポスターを1千部、パンフレットを1万部、お願いしたいんですが。

ホン　かしこまりました。期日はいつまででしょうか。

発注元　3月の半ば、15日までにお願いします。他社と重なりそうなので早ければもっとありがたいです。

ホン　はい、ありがとうございます。詳細はメールにてご連絡致します。
　　　本日は私、ホンが承りました。

発注元　はい、ではよろしくお願いします。

> **Tip** 고객과 소통할 때는 '저'를 私わたし보다 私わたくし라고 하는 것이 좋다.

확인 질문

Q.1 ホンさんはどんな注文を受けましたか。

Q.2 発注元はどんな要望を伝えましたか。

보충 어휘　広告こうこく 광고 ｜ 化粧品けしょうひん 화장품 ｜ 発売はつばい 발매 ｜ 美肌びはだ 결이 고운 피부
　　　　　　～部ぶ ~장 (인쇄물 매수) ｜ 半なかば 중순 ｜ 重かさなる 겹치다 ｜ ありがたい 고마운 일이다

상황 ❷ ▶ 거래처 주문 받기(의뢰와 거절)

ソン　　お電話ありがとうございます。花松産業でございます。

顧客　　お世話になっております。タンポポフーズの佐藤と申します。
　　　　石田さんはいらっしゃいますか。

ソン　　お世話になっております。ただいま石田は席を外しておりますので
　　　　差し支えなければ 【표현❷】 私がお伺いしますが。

顧客　　実は追加発注の件でお電話しました。急で申し訳ありませんが、
　　　　コラーゲンカレー粉を今週中に10ケースお願いしたいのです。

ソン　　ご要望に沿えず誠に**残念ですが**【표현❸】、ただいま注文が殺到しておりまして今週
　　　　中には納品致しかねます。

顧客　　はい、存じております。勝手ですが一応、石田さんに伝えていただけますか。

ソン　　かしこまりました。そのようにお伝えします。

顧客　　恐れ入ります。では後ほど再度ご連絡致します。

🔍 확인 질문

Q1. 顧客は何を要求しましたか。

Q2. ソンさんは顧客の要望にどう答えましたか。

보충 어휘　　カレー粉こ 카레가루　｜　ケース 케이스(박스 단위 판매)　｜　殺到さっとうする (일, 주문 등이) 쇄도하다
　　　　　　　一応いちおう 일단

04 文法(ぶんぽう)
필수! BIZ 문법

01　동사 정중형(ます형) + そうだ ~할 것 같다

★ 우발적인 상황을 추측할 때 사용한다.

例 部品(ぶひん)は三日(みっか)以内(いない)に届(とど)きそうです。
부품이 3일내에 도착할 것 같습니다.

部品(ぶひん) 부품
届(とど)く 도착하다

例 生産(せいさん)が追(お)いつかなさそうです。
생산이 따라 잡지 못할 것 같습니다.

追(お)いつく
따라 잡다

✎ 문형을 사용하여 작문해 봅시다.

1> _____ そうです。

02　동사 정중형(ます형) + かねる ~하기 어렵다

★ 어떤 일을 하지 못한다고 말할 때 사용한다. 고객에게 だめです와 できません은 무례한 표현이고 이 대신 ~かねる를 사용한다.

例 今(いま)ははっきりお答(こた)えしかねます。
지금은 확실히 대답해드리기 어렵습니다.

例 その案(あん)には賛成(さんせい)しかねます。
그 제안에는 찬성하기 어렵습니다.

案(あん) 제안
賛成(さんせい)する
찬성하다

✎ 문형을 사용하여 작문해 봅시다.

1> _____ かねます。

05 応用練習
응용 연습

빈칸을 채워 대화문을 완성하고, 파트너와 말하기 연습을 해 봅시다.

01

顧客 | 先日、お電話をいただいた斉藤と申しますが。

私 | _____。
▶ 도쿄 지점의 사이토님이시네요.

02
顧客 | 見積書のメールがまだのようですが。

私 | _____。
▶ 번거로우시겠지만(괜찮으시다면) 스팸 메일 폴더를 확인 부탁드립니다.

03

私 | _____。
▶ 유감스럽지만 당사는 해외 배송을 하지 않습니다.

問い合わせ | そうですか。では他の会社を探します。

04

私 | ご注文いただいた物の納品は _____。
▶ 주문하신 물건의 납품은 5일 일찍 도착합니다.

顧客 | いつもありがとうございます。

05

問い合わせ | 工場内の見学をしたいのですが、可能でしょうか。

私 | _____。
▶ 죄송하지만 보여 드리기 어렵습니다.

보충 어휘   先日せんじつ 얼마전 | 支店してん 지점 | 迷惑めいわくメール 스팸 메일 | フォルダ 폴더
当社とうしゃ 당사 | 海外配送かいがいはいそう 해외배송 | 見学けんがく 견학

06 ロールプレー
필수! BIZ 롤플레이

학습한 주요 어휘 및 표현을 활용하여, 다음과 같은 상황에서 파트너와 롤플레이를 진행해 봅시다.

状況(じょうきょう) 정기적으로 주문 및 납품을 하는 발주처와 수주처 간에 다음 주문 일정과 납기를 확인하고자 합니다.

発注先(はっちゅうさき)
1. 다음 주문 일정을 확인하고자 전화하였음을 밝힙니다.
2. 주문 상세사항을 한 번 더 확인합니다.

発注元(はっちゅうもと)
1. 재고 조사를 완료하여 확정된 다음 주문 일정을 상대방에게 알려줍니다.
2. 납기를 조율한 후 통화를 마무리합니다.

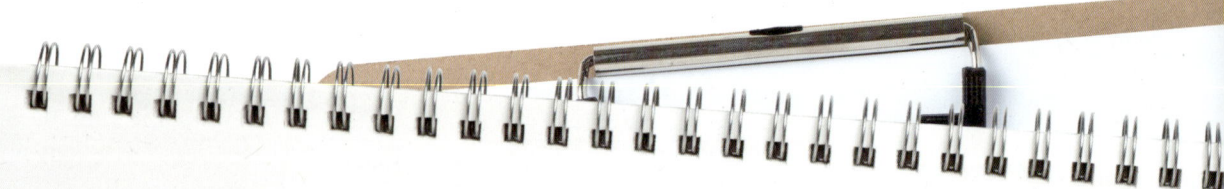

BIZ Tip!

거래 명칭 알아 보기

発注元(はっちゅうもと)(顧客(こきゃく))
발주처(고객)

注文(ちゅうもん)
주문

発注先(はっちゅうさき)(販売元(はんばいもと))
수주처(판매처)

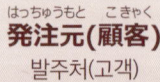 수주처는 受注先(じゅちゅうさき)라고 하지 않는다.

5課 クレーム
클레임

학습목표
① 납품 실수로 인한 고객의 클레임에 응대하고 문제를 해결할 수 있다.
② 업무상 실수가 발견되었을 때 상사에게 정중히 사과할 수 있다.

주요패턴
- ~でご迷惑をおかけしました。 ~로 폐를 끼쳐 드렸습니다.
- お詫び申し上げます。 사과드립니다.
- ~たく存じます。 ~하고 싶다고 생각합니다. (겸양 표현)

イメージトーク
이미지 토크

다음 사진을 보면서 아래의 키워드를 활용하여 주어진 상황에 대해 일본어로 말해 봅시다.

| Key Words | まちが
間違い | あやま
謝る | ていねい
丁寧に | おこ
怒る | もんだいはっせい
問題発生 |

01 ▶ 위 사진을 보고 상황, 인물 등에 대해 자유롭게 묘사해 봅시다.
02 ▶ 고객이나 거래처로부터 클레임을 받고 문제를 해결한 경험에 대해 이야기 해 봅시다.

01 語彙
필수! BIZ 어휘

아래 어휘를 따라 읽고, 빈 칸을 채워 문장을 완성해 봅시다. 🎧

어휘	뜻	어휘	뜻
☐ クレーム、苦情	클레임, 불평	☐ 対処する	대처하다
☐ 重ねて	거듭, 다시 한 번	☐ 困る	곤란하다
☐ 未熟	미숙함	☐ 気付く	알아차리다
☐ 不快だ	불쾌하다	☐ 半数	절반
☐ 一体	도대체	☐ 謝る	사과하다
☐ 手違い	착오	☐ 不注意	부주의
☐ 早急に	조급히	☐ 前もって	미리
☐ 不手際	실수, 서툴게 처리함	☐ 怠る	소홀히 하다
☐ 判明する	판명하다	☐ ミス、誤り	실수
☐ ご不便をおかけする	불편함을 끼쳐 드리다	☐ 防ぐ	방지하다

어휘 Check! 빈칸 채우기

보기 クレーム   対処   ご不便をおかけ

1. お客様から _____ が入りました。
   고객으로부터 클레임이 들어왔습니다.

2. 他の製品が配送されてしまい、_____ しました。
   다른 제품이 배송되어 불편을 끼쳐 드렸습니다.

3. 鈴木さんは問題を一番上手く _____ できる社員です。
   스즈키 씨는 문제를 가장 잘 대처하는 사원입니다.

정답
1. クレーム
2. ご不便をおかけ
3. 対処

02 表現
필수! BIZ 표현

아래 문장을 읽고, 패턴을 활용해 새로운 문장을 만들어 봅시다.

01 ~でご迷惑をおかけしました。 ~로 폐를 끼쳐 드렸습니다.

① 社員が未熟でご迷惑をおかけしました。
직원이 미숙해서 폐를 끼쳐 드렸습니다.

② こちらの都合でご迷惑をおかけしました。
저희 사정으로 폐를 끼쳐 드렸습니다.

③ _____ でご迷惑をおかけしました。
_____ 로 폐를 끼쳐 드렸습니다.

02 お詫び申し上げます。 사과드립니다.

① 重ねてお詫び申し上げます。
거듭 사과드립니다.

② 御社にご不快な思いをさせてしまいお詫び申し上げます。
귀사를 불쾌하게 해드려 사과드립니다.

③ _____ お詫び申し上げます。
사과드립니다.

03 ~たく存じます。 ~하고 싶다고 생각합니다. (겸양 표현)

① お時間をいただきたく存じます。
시간을 내주셨으면 합니다.

② お願いしたく存じます。
부탁을 드리고 싶습니다.

③ _____ たく存じます。
하고 싶다고 생각합니다.

03 会話
필수! BIZ 회화

상황 ❶ ▶ 납품 실수로 인한 클레임 해결하기

担当者　お電話ありがとうございます。東エンジニアリングでございます。

お得意様　ピース自動車の岡田です。モーターの不良品が半数近くあったんですが一体どういうことですか。

担当者　ピース自動車の岡田様、いつもお世話になっております。ただいま確認いたしますので少々お待ちください。
お待たせ致しました。このたび不良品を多数出してしまい大変ご不便をおかけしました。確認したところ、こちらの発送の手違いによるものと判明しました。

お得意様　ではいつ納品できますか。こちらも生産予定があるので早くお願いしたいのですが。

担当者　はい。早急に対応いたしますが、三日の猶予をいただき**たく存じます**。〔표현 ❺〕

お得意様　わかりました。ところで検品はされていたのですか。

担当者　はい。不良品として仕分けた箱が混ざってしまったようです。こちらの不手際により**ご迷惑をおかけした**ことを、深く**お詫び申し上げます**。〔표현 ❶〕 〔표현 ❷〕

확인 질문

Q1. お得意様のクレームは何ですか。

Q2. 担当者はクレームにどう対処しましたか。

보충 어휘　エンジニアリング 엔지니어링 ｜ モーター 모터 ｜ 不良品ふりょうひん 불량품 ｜ 多数たすう 다수 ｜ 発送はっそう 발송 ｜ 検品けんぴん 검품(제품을 검사함) ｜ 仕分しわける 분류하다 ｜ 箱はこ 박스 ｜ 混まざる 섞이다

상황 ❷ ▶ 상사에게 사과하기

ユ　　こちら総務課です。

課長　ユさんですか。スケジュールの組み立て、誰がしたんですか。

ユ　　はい。私がしましたが、何か問題がございましたか。

課長　来週の海外出張とお得意様との約束が重なっているのはどういうことですか。

ユ　　えっ。お得意様とのお約束は出張の次の週にしたつもりでしたが。申し訳ございません。

課長　困りますね。もし私が気付かなかったらどうなっていたと思いますか。海外出張は変更できないからお得意様によく謝って日にちを変えていただくように。

ユ　　承知いたしました。私の不注意で課長にご心配をおかけしたこと、お詫び申し上げます。 표현❷

課長　前もって確認を怠らなければミスは防げます。以後、注意してください。

✅ 확인 질문

Q.1 ユさんはどんなミスをしましたか。

Q.2 課長はユさんにどうすべきだと言いましたか。

보충 어휘　総務課 そうむか 총무과 | 組み立て くみたて 조립, (계획 등을) 짜기 | 以後 いご 이후, 앞으로

04 文法
필수! BIZ 문법

01　동사 과거형(た형) + ところ　~한 결과, ~했더니

★ '어떤 일을 하니까 이러했다'는 원인에 대한 결과를 말하는 상황에서 사용한다.

例　お客様にお勧めしたところ、検討するとのことです。
　　고객님께 추천드렸더니 검토하겠다고 하셨습니다.

例　取引先を訪問したところ、担当者さんはやや怒っていました。
　　거래처를 방문했더니 담당자 분이 조금 화가 나 있었습니다.

勧すすめる 권하다
検討けんとうする 검토하다

やや
살짝, 미미하게

문형을 사용하여 작문해 봅시다.

1️⃣ _____ ところ、_____ 。

02　동사 과거형(た형) + つもりだ　~했다고 생각하다

★ 자신의 행동에 대해서만 사용하며, ～たつもりだ를 고객에게 말하면 변명처럼 들리니 사용하지 말아야 한다. 사내에서 상사에게 사정을 설명할 때 자신의 생각으로 ~했다고 할 때 사용하면 된다.

例　てっきり遅れについては報告したつもりでした。
　　분명히 지연됨을 보고했을 텐데요.

例　すべて訂正したつもりでしたが、一つ抜けていました。
　　모두 정정했다고 생각했지만 한 개가 누락되어 있었습니다.

てっきり 분명히
(~한 / 된 줄 알았는데)
遅おくれ 지연

訂正ていせい 정정
抜ぬける 누락되다

문형을 사용하여 작문해 봅시다.

1️⃣ ここにアンケート用紙を _____ つもり _____ 。

05 応用練習
응용 연습

빈칸을 채워 대화문을 완성하고, 파트너와 말하기 연습을 해 봅시다.

01
 顧客 | 物がまだなんですが、いつになったら来ますか。

 私 | _____。
▶ 저희 생산 라인 문제로 폐를 끼쳐 드렸습니다.

02
 顧客 | そちらのせいでうちがイメージダウンしましたよ。

 私 | _____。以後、イメージアップに尽力いたします。
▶ 진심으로 사과드리겠습니다.

03
 オ | _____。
▶ 이번 프로젝트에 꼭 참여하고 싶다고 생각합니다.

 部長 | オさんなら、そろそろ任せられるでしょう。

04
 私 | _____。
▶ 실험한 결과 제품화가 가능하다고 합니다.

 部長 | よし! 次はコンセプトを決めよう。

05
 部長 | 日野さんがまだ得意先に着いてないようですよ。

 私 | _____。
▶ 정말입니까? 어제 1시까지 도착하도록 말했을 텐데요.

보충 어휘 ~せい ~탓, ~때문 | イメージダウン 이미지 하락 | 心こころから 진심으로 | イメージアップ 이미지 향상
尽力じんりょくする 노력하다 | 参与さんよする 참여하다 | そろそろ 슬슬 | 任まかせる 맡기다
実験じっけんする 실험하다 | 製品化せいひんか 제품화 | よし 좋아, 아자 | コンセプト 콘셉트
得意先とくいさき 단골 고객사

06 ロールプレー
필수! BIZ 롤플레이

학습한 주요 어휘 및 표현을 활용하여, 다음과 같은 상황에서 파트너와 롤플레이를 진행해 봅시다.

状況(じょうきょう)
팀원이 상사와 상의 없이 결정하여 처리한 일에 문제가 생겼습니다.
팀원은 이에 대해 상사에게 보고하며 문제 해결을 위해 조언을 구하고자 합니다.

上司(じょうし)
❶ 팀원이 자신과 상의 없이 결정한 일에 문제가 생겨서 우려하는 마음을 표현합니다.
❷ 실수에 대한 경위(経緯(けいい))를 물어보고, 이후 문제가 일어나지 않도록 할 방법을 충고합니다.

社員(しゃいん)
❶ 문제가 생길 거라고 예상하지 못한 것과, 상의 없이 결정한 것에 대해 상사에게 사과합니다.
❷ 실수에 대한 경위(経緯(けいい))를 자세히 이야기하고, 앞으로는 상사의 충고에 따라 주의할 것임을 약속합니다.

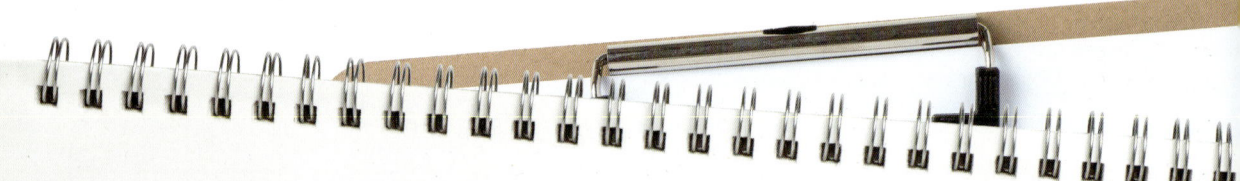

BIZ Tip!
사과하기

클레임 대처 순서
❶ 상사에게 보고하고 상황을 수습한다.
❷ 약속을 잡지 않고 바로 거래처에 사과하러 가는 것이 좋지만 상황마다 다르다.
  (복장과 사죄의 물품은 화려하지 않은 것을 선택)
❸ 이메일 등으로 한 번 더 사죄를 한다.

직접 만나 사과할 때 순서
❶ 사과의 메시지를 먼저 전달한다.
❷ 상대편의 양해를 얻는다.
❸ 사죄의 물품을 상대에게 전달한다.

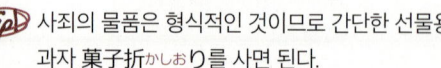 사죄의 물품은 형식적인 것이므로 간단한 선물용 과자 菓子折(かしおり)를 사면 된다.

6課 休暇(きゅうか)
휴가

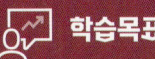 **학습목표**
① 몸이 아플 때 신체의 증상을 설명하고, 상사에게 병가를 요청할 수 있다.
② 유급휴가를 신청할 시 휴가의 목적과 기간 등에 대한 정보를 말할 수 있다.

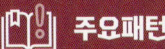 **주요패턴**
- 恐縮(きょうしゅく)ですが　　　　　　　죄송하지만
- (~て)いただければ幸(さいわ)いに存(ぞん)じます。　(~해) 주시면 감사하겠습니다.
- お言葉(ことば)に甘(あま)えて　　　　　염치 불구하고

イメージトーク
이미지 토크

다음 사진을 보면서 아래의 키워드를 활용하여 주어진 상황에 대해 일본어로 말해 봅시다.

Key Words | 欠勤(けっきん)の連絡(れんらく) | 病気(びょうき) | 辛(つら)そうに | ゆっくり休(やす)む | 病院(びょういん)に行(い)く

01 ▶ 위 사진을 보고 상황, 인물 등에 대해 자유롭게 묘사해 봅시다.
02 ▶ 몸이 아파서 출근하기가 힘들 때 어떻게 조치를 취하는 것이 가장 좋은 방법일까요?

당당한 비즈니스 일본어 | 베이직　53

01 語彙
필수! BIZ 어휘

아래 어휘를 따라 읽고, 빈 칸을 채워 문장을 완성해 봅시다. 🎧

- ☐ 病欠する — 병가를 내다
- ☐ 体調を崩す — 몸 상태가 안 좋아지다
- ☐ 風邪を引く — 감기에 걸리다
- ☐ 咳が出る — 기침이 나다
- ☐ 熱がある — 열이 있다
- ☐ 頭痛がする — 두통이 나다
- ☐ 静養する — 요양하다, 쉬다
- ☐ 代わり — 대신
- ☐ 頼む — 부탁하다
- ☐ お大事に — 몸조심하세요

- ☐ 有給休暇 — 유급휴가
- ☐ 申請 — 신청
- ☐ 事後 — 사후
- ☐ 扱い — 취급
- ☐ 通院 — 통원
- ☐ 証明 — 증명
- ☐ 治る — 낫다, 치료되다
- ☐ 規定 — 규정
- ☐ 体調管理 — 건강관리

어휘 Check! 빈칸 채우기

보기　熱がある　　申請　　有給休暇

1. 必要なら _____ を使ってもいいです。
   필요하면 유급휴가를 사용해도 됩니다.

2. 大会の参加 _____ は可能でしょうか。
   대회의 참가 신청이 가능합니까?

3. 今朝から _____ 。
   오늘 아침부터 열이 있다.

정답
1. 有給休暇(ゆうきゅうきゅうか)
2. 申請(しんせい)
3. 熱(ねつ)がある

第6課・休暇 휴가

02 表現(ひょうげん)
필수! BIZ 표현

아래 문장을 읽고, 패턴을 활용해 새로운 문장을 만들어 봅시다.

01 恐縮(きょうしゅく)ですが 죄송하지만

1. お忙(いそが)しい中(なか)恐縮(きょうしゅく)ですが、弊社(へいしゃ)までお越(こ)しいただけますか。
   바쁘신데 죄송하지만 저희 회사까지 와 주실 수 있습니까?

2. 大変(たいへん)恐縮(きょうしゅく)ですが、なるべく早(はや)くご返信(へんしん)をいただきたく存(ぞん)じます。
   대단히 죄송하지만 가능한 한 빨리 회신을 주시기 바랍니다.

3. 恐縮(きょうしゅく)ですが、＿＿＿＿＿＿＿＿＿＿＿＿＿＿＿＿＿＿＿＿。
   죄송하지만

Tip!
恐縮(きょうしゅく)ですが와 같은 표현에는 恐(おそ)れ入(い)りますが가 있다. 하지만 恐縮(きょうしゅく)です, 恐(おそ)れ入(い)ります는 감사합니다(황송합니다)라는 의미가 된다.

02 (〜て)いただければ幸(さいわ)いに存(ぞん)じます。 (〜해) 주시면 감사하겠습니다.

1. 明後日(あさって)の休(やす)みを鈴木(すずき)さんと代(か)えていただければ幸(さいわ)いに存(ぞん)じます。
   모레 제 휴일을 스즈키씨와 바꿔 주실 수 있으면 감사하겠습니다.

2. 結婚式(けっこんしき)のため一週間(いっしゅうかん)おりませんが、ご理解(りかい)いただければ幸(さいわ)いに存(ぞん)じます。
   결혼식으로 일주일 동안 부재입니다만 이해를 해 주시면 감사하겠습니다.

3. ＿＿＿＿＿＿＿＿＿＿＿＿＿＿＿＿＿＿ていただければ幸(さいわ)いに存(ぞん)じます。
   해 주시면 감사하겠습니다.

03 お言葉(ことば)に甘(あま)えて 염치 불구하고

1. お言葉(ことば)に甘(あま)えて休暇(きゅうか)を取(と)り、実家(じっか)に帰(かえ)りたいと思(おも)います。
   염치 불구하고 휴가를 얻어 부모님 집으로 가겠습니다.

2. お言葉(ことば)に甘(あま)えてごちそうになります。
   염치 불구하고(사양하지 않고) 잘 먹겠습니다.

3. お言葉(ことば)に甘(あま)えて＿＿＿＿＿＿＿＿＿＿＿＿＿＿＿＿＿。
   염치 불구하고

03 会話
필수! BIZ 회화

상황 ① ▶ 병가 내기

ナ　　　おはようございます。ナです。実は昨夜から体調を崩して、今熱もあります。

課長　　もしもし、ナさん、風邪を引いたんですか。

ナ　　　多分そうだと思われます。頭痛もひどいので、申し訳ございませんが本日お休みをいただいてもよろしいでしょうか。

課長　　それは大変ですね。今日は静養してください。

ナ　　　恐れ入ります。お言葉に甘えて休ませていただきます。それと本日のデモンストレーションのことですが。

課長　　そういえばナさんが担当でしたね。試供品は備蓄倉庫のどこですか。

ナ　　　入って一番上の棚です。恐縮ですが、私の代わりに井上さんに頼んでいただけますか。

課長　　わかりました。無理をせず、できれば病院で診てもらってください。お大事に。

Tip　결근해야 할 때 休みます라고 하지 않고 여쭤보듯이 休みをいただいてもよろしいでしょうか 라고 하는 것이 겸손하게 느껴지며 좋다.

확인 질문

Q.1 ナさんはなぜ会社を休みますか。

Q.2 課長はナさんに何を頼まれましたか。

보충 어휘　デモンストレーション 데먼스트레이션, (상품 등)실물 선전 ｜ そういえば 그러고 보니
試供品しきょうひん 시공품, 샘플 ｜ 備蓄倉庫びちくそうこ 비축창고 ｜ 棚たな 선반 ｜ できれば 될 수 있으면

상황 ❷ ▶ 유급휴가 신청하기

アン　部長、有給休暇の事後申請は可能でしょうか。

部長　通院の証明書があればできますよ。

アン　実は先週の木曜日に病欠したんですが、その日は背中が痛んでどうしても起き上がることができなかったんです。

部長　それで病院には行けなかったんですね。今はどうですか。

アン　はい。一日だけで次の日には治りました。もし可能でしたら、その日の休みを有給休暇にしていただければ幸いに存じます。

部長　しかしうちの規定で、事後申請の場合は通院証明がなければ有給扱いにするわけにはいかないですね。

アン　そうですよね。残念ですが仕方がないです。

部長　ところで、その後病院には行きましたか。まだなら有給休暇を利用して、きちんと体調管理をしてください。

확인 질문

Q1. アンさんは部長に何を質問しましたか。

Q2. 部長はアンさんに何を勧めましたか。

보충 어휘　痛いたむ 아프다 ｜ 起おき上あがる 일어나다 ｜ 仕方しかたない 어쩔 수 없다 ｜ きちんと 바르게, 잘

04 文法
필수! BIZ 문법

---

01 どうしても + 동사 가능 부정형　도저히 ~할 수 없다

★ 아무리 해도 방법이 없을 때 사용하는 표현이다.
★ 같은 의미의 다른 표현으로는 <동사 기본형 + ことができない>로도 사용한다.

例 繁忙期にはどうしても休めないです。
　　성수기에는 도저히 쉴 수 없습니다.

繁忙期はんぼうき
성수기

例 こんな高価な物はどうしても頂けません。
　　이런 값비싼 물품은 도저히 받을 수 없습니다.

高価こうかな
값비싼

✎ 문형을 사용하여 작문해 봅시다.

1️⃣ _____ どうしても _____ 。

---

02 동사 기본형・부정형 + わけにはいかない　~할 수는 없다

★ 상황상, 심리적으로 또는 사회적인 상식으로 미루어 볼 때 '그렇게는 못한다'고 표현할 때 사용한다.

例 これくらいのことで会社を辞めるわけにはいきません。
　　이 정도 일로 회사를 그만둘 수는 없습니다.

辞やめる 그만두다

例 上司として責任を取らないわけにはいかないです。
　　상사로서 책임을 지지 않을 수 없습니다.

責任せきにんを取とる
책임을 지다

✎ 문형을 사용하여 작문해 봅시다.

1️⃣ 疲れたからと言って _____ わけにはいかないです。

05 応用練習 / 응용 연습

빈칸을 채워 대화문을 완성하고, 파트너와 말하기 연습을 해 봅시다.

01
- 部長(ぶちょう): 今度(こんど)のワークショップで何(なに)をするか、もう考(かんが)えましたか。
- 私(わたし): _____。
  ▶ 죄송하지만 이번 워크샵의 담당자는 제가 아닙니다.

02
- 消費者(しょうひしゃ): 一口(ひとくち)サイズでお弁当(べんとう)にピッタリですね。
- イベントスタッフ: _____。
  ▶ 이 용지에 소감을 기입해 주시면 감사하겠습니다.

03
- 私(わたし): _____。
  ▶ 염치불구하고 제가 쉬는 동안 부탁드리겠습니다.
- 藤本(ふじもと): はい。心配(しんぱい)しないで休(やす)んでください。

04
- 私(わたし): 前川(まえかわ)さん _____。
  ▶ 마에카와씨가 도저히 이 일을 할 수 없다고 합니다.
- 課長(かちょう): 何(なに)か食品(しょくひん)アレルギーでもあるのかな。理由(りゆう)を言(い)ってもらうように。

05
- 部長(ぶちょう): この前(まえ)の展示会(てんじかい)のブースには本当(ほんとう)に人(ひと)が来(こ)なかったね。
- 私(わたし): _____。
  ▶ 지난번처럼 실패할 수는 없습니다.

보충 어휘
ワークショップ 워크샵 | 一口(ひとくち)サイズ 한입 사이즈 | お弁当(べんとう) 도시락 | ピッタリ 딱 | 感想(かんそう) 소감 | 記入(きにゅう)する 기입하다 | 食品(しょくひん)アレルギー 식품 알레르기 | ブース 부스 | 失敗(しっぱい)する 실패하다

06 ロールプレー
필수! BIZ 롤플레이

학습한 주요 어휘 및 표현을 활용하여, 다음과 같은 상황에서 파트너와 롤플레이를 진행해 봅시다.

> **状況 じょうきょう**
> 팀원이 개인 사정으로 인해 다음 주에 유급휴가를 사용해야 합니다. 이를 신청하기 위해 상사에게 휴가 기간과 업무 조정 계획을 미리 보고하여 승인을 받으려 합니다.

社員 しゃいん
1. 개인 사정으로 인해 유급휴가를 사용하고 싶다고 상사에게 보고합니다.
2. 유급휴가를 얻고 싶은 시기와 휴가로 인한 업무 조정 계획을 상사에게 보고합니다.

上司 じょうし
1. 결근해야 하는 이유와 휴가 기간을 물어봅니다.
2. 회사 사정과 업무 진행 현황을 생각하면서 승인 또는 불허합니다.

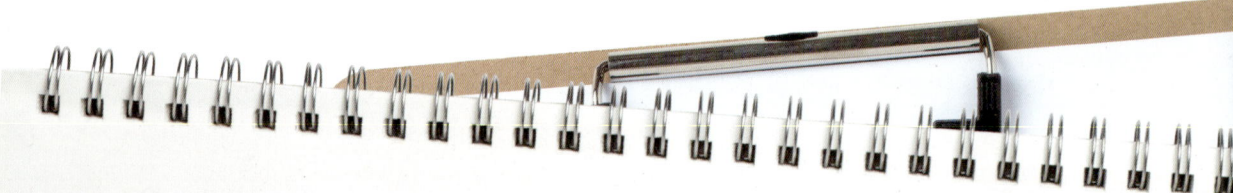

BIZ Tip!
일본의 유급휴가

일본의 유급휴가 발생 조건

노동기준법에 따른 법정 근로시간은 원칙적으로 1일 8시간, 1주 40시간이다. 또한, 입사 후 6개월간 근무일 80% 이상 출근한 근로자에게는 10일의 유급 휴가를 부여한다. 그 후 유급휴가 발생 조건은 다음과 같다.

근무연수	6개월	1년 6개월	2년 6개월	3년 6개월	4년 6개월	5년 6개월	…
연차일수	10日	11日	12日	14日	16日	18日	…

결근의 연락/휴가 신청 시 주의점

1. 당일 결근의 연락을 할 때에는 출근 시간 15분 전에 상사에게 전화를 한다. 병가를 낼 때 무조건 진단서가 필요한 것이 아니지만 요구하는 회사도 있다.
2. 유급휴가 신청이유는 구체적으로 쓰지 않아도 되며 私用 しょう라고 쓰면 된다.

> **Tip** '개인 사정'은 일본어로 個人的 こじんてき な事情 じじょう라고 직역할 수 있지만 이 말을 사용하지 않고 私用 しょう를 사용한다.

7課 業務協力
ぎょう む きょうりょく

업무 협조

 학습목표
① 선배나 상사에게 업무와 관련된 도움을 요청할 수 있다.
② 타 부서에 전화를 걸어 업무협조를 요청하고, 감사 인사를 할 수 있다.

 주요패턴
- 念のため(に) 혹시 몰라서
- お手数ですが 번거로우시겠지만
- ~て助かりました。 ~해서 큰 도움이 되었습니다.

イメージトーク
이미지 토크

다음 사진을 보면서 아래의 키워드를 활용하여 주어진 상황에 대해 일본어로 말해 봅시다.

Key Words 質問する / 方法 / わからない / 勝手に / 進める

01 ▶ 위 사진을 보고 상황, 인물에 대해 자유롭게 묘사해 봅시다.
02 ▶ 동료에게 업무 협조를 통해 도움을 주었거나, 받았던 경험에 대해 이야기 해 봅시다.

01 語彙
필수! BIZ 어휘

아래 어휘를 따라 읽고, 빈 칸을 채워 문장을 완성해 봅시다. 🎧

☐ 協力(きょうりょく)	협조		☐ 工程(こうてい)	공정
☐ 出荷(日)(しゅっかび)	출하(일)		☐ 不具合(ふぐあい)	오류
☐ ずらす	비켜 놓다		☐ 生じる(しょうじる)	발생하다
☐ マイクロバス	소형 버스		☐ 原料(げんりょう)	원료
☐ 手配する(てはいする)	준비하다		☐ 点検する(てんけんする)	점검하다
☐ 付き合い(つきあい)	교제, 행동을 같이 하다		☐ 早速(さっそく)	당장
☐ メーカー	제조업자		☐ 稼働する(かどうする)	가동하다
☐ ユーザー	사용자, 수요자		☐ ただ	단지
☐ 安易に(あんいに)	안이하게		☐ 会合(かいごう)	회합
☐ 抑える(おさえる)	억제하다		☐ 同席する(どうせきする)	동석하다

어휘 Check! 빈칸 채우기

보기   協力(きょうりょく)   点検(てんけん)   不具合(ふぐあい)

① 先輩(せんぱい)に _____ を求(もと)めなさい。
   선배에게 협조를 구하세요.

② 機械(きかい)を _____ する時(とき)注意(ちゅうい)してください。
   기계를 점검할 때 주의해 주세요.

③ ゲームの _____ の修正(しゅうせい)が行(おこな)われています。
   게임의 오류 수정이 이루어지고 있습니다.

정답
1. 協力(きょうりょく)
2. 点検(てんけん)
3. 不具合(ふぐあい)

02 表現
필수! BIZ 표현

아래 문장을 읽고, 패턴을 활용해 새로운 문장을 만들어 봅시다.

01 念のため(に) 혹시 몰라서

1. ただの風邪かと思いますが、念のため病院に行って検査を受けます。
   그냥 감기이지 않을까 싶지만 혹시 몰라서 병원에 가서 검사를 받겠습니다.

2. 念のために参加者の人数をもう一度確認しておきましょう。
   혹시 모르니 참가자의 인원수를 다시 확인해 둡시다.

3. 念のため _____ 。
   혹시 몰라서

02 お手数ですが 번거로우시겠지만

1. お手数ですが、添付したデータのご確認をお願い致します。
   번거로우시겠지만 첨부한 데이터의 확인을 부탁드리겠습니다.

2. お手数ですが、記入欄にお名前とご連絡先をお書きください。
   번거로우시겠지만 기입란에 성함과 연락처를 쓰십시오.

3. お手数ですが、_____ 。
   번거로우시겠지만

03 ～て助かりました。 ~해서 큰 도움이 되었습니다.

1. 出荷日をずらしていただいて助かりました。
   출하일을 옮겨 주셔서 도움이 되었습니다.

2. マイクロバスを手配してくださって助かりました。
   소형 버스를 준비해 주셔서 도움이 되었습니다.

3. _____ て助かりました。
   서 도움이 되었습니다.

03 会話
필수! BIZ 회화

상황 ① ▶ 도움 요청하기 🎧

ミン　課長、部品の価格相場はどのように調べていらっしゃいますか。

課長　取引きしているメーカーさんに見積もりを依頼してください。

ミン　ネットでの購入の方がもっと単価が安くないですか。

課長　まあ念のため比較はするけど、付き合いが長いメーカーさんなんですよ。

ミン　付き合いも大事ですが、より安く購入できればわが社にとって利益かと思われます。

課長　しかし、ただ安いからと安易に判断できないこともあるんです。長い目で見なくてはいけませんよ。

ミン　承知しました。お手数ですが、これまでの取引きの内容とその対応の仕方について教えていただきたく存じます。

課長　いいですよ。でもミンさんの考えも合っています。調達部では費用を抑えることが課題ですからね。

✅ 확인 질문

Q1. 課長は部品の相場価格をどのように調べるように言いましたか。

Q2. 課長の指示に対し、ミンさんはどう考えていますか。

보충 어휘　価格相場 かかくそうば 시세 가격 ｜ 単価 たんか 단가 ｜ 長い目で見る ながいめでみる 긴 안목으로 보다
合う あう 맞다 ｜ 調達部 ちょうたつぶ 조달부

상황 ❷ ▶ 업무협조 요청하기

生産技術課　お疲れ様です。こちら生産技術の五十嵐です。本日からスタートの、くもり防止ガラスフィルムの件にてお電話しました。

製造課　はい、こちらから連絡すべきでしたのにバタバタしてうっかりしてしまいました。申し訳ありません。

生産技術課　いえいえ、お忙しいところお疲れ様です。ところでこの前、工程で不具合が生じたとのことで心配していますが。

製造課　それは原料の入れ間違えだったんですが、すぐに発見できて助かりました。 표현 ❸

生産技術課　うっかりミスは防ぎようがないんでしょうかね。機械に影響はなかったんですか。

製造課　点検しましたが、問題はありませんでした。今から早速稼働させます。

生産技術課　ではメールでお伝えした期日で10枚入りにしてください。

製造課　わかりました。期日より三日ほど早くできるかと思われます。ではまた。

확인 질문

Q.1 製造課は生産技術課から何を頼まれましたか。

Q.2 生産技術課は何を心配していましたか。

보충 어휘　くもり防止ガラスフィルム 흐림방지 유리필름　|　入れ間違え 잘못 넣음
うっかりミス 부주의로 인한 실수　|　〜入り ~입

04 文法
필수! BIZ 문법

01 동사 정중형(ます형) + ようがない ~할 방법이 없다

★ '~하려고 해도 할 수 없다'라는 의미로, 능력이 부족해서 할 수 없다기보다는 어떤 조건이 충족되지 않아 진행할 수 없을 때 사용한다.

例 依頼書なしの大掛かりな仕事は、始めようがないです。
의뢰서 없이 대규모의 일을 시작할 수 없습니다.

大掛おおがかり
대규모

例 いくら良い品物でも、コストがかかれば商品化のしようがありません。
아무리 좋은 물품도 비용이 많이 들면 상품화를 할 수 없습니다.

Tip 비용이 많이 들다
コストがかかる ⭕   コストが高い ❌

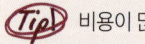 문형을 사용하여 작문해 봅시다.

1. _____ ようがないです。

02 명사 / い형용사 / な형용사 / 동사 보통형 + かと思われる ~하지 않을까 싶다

★ 명사, い형용사, な형용사, 동사의 보통형과 결합하여 미래에 예상되는 결과를 예측할 때 사용한다.
★ 부정형과 결합하여 '~하지 않을 거라 생각하다'와 같은 부정의 의미로 예측하기도 한다.

例 来月、ユーザーから新規事業の依頼があるかと思われます。
다음달 유저로부터 신규 사업의 의뢰가 있지 않을까 싶습니다.

例 明日の会合に社長は同席されないかと思われます。
내일 회합에 사장님께서는 동석하시지 않으실 거라 생각됩니다.

문형을 사용하여 작문해 봅시다.

1. この案を取り入れるのは _____ かと思われます。

05 応用練習
응용 연습

빈칸을 채워 대화문을 완성하고, 파트너와 말하기 연습을 해 봅시다.

01
 私 | 明日、建築現場の方々に差し入れをしに行きます。

 課長 | ＿＿＿＿＿＿＿＿＿＿＿＿＿＿＿＿＿＿＿＿＿＿＿＿＿＿＿＿＿。
▶ 혹시 모르니까 내일의 공사 일정을 알아보세요.

02
 私 | ＿＿＿＿＿＿＿＿＿＿＿＿＿＿＿＿＿＿＿＿＿＿＿＿＿＿＿＿＿。
▶ 번거로우시겠지만 동봉한 동의서에 날인을 하시고 회신해주세요.

 取引先 | はい。2箇所に捺印をすればよろしいですか。

03
 課長 | 昨日のプレゼン、ご苦労様でした。間に合ってよかったですね。

 私 | ＿＿＿＿＿＿＿＿＿＿＿＿＿＿＿＿＿＿＿＿＿＿＿＿＿＿＿＿＿。
▶ 네. 우치다씨가 뒷부분을 도와줘서 도움이 되었습니다.

04
 私 | 申し訳ありません。まだこの書類の精査が終わっていません。

 課長 | ＿＿＿＿＿＿＿＿＿＿＿＿＿＿＿。まずそれからしましょう。
▶ 그러면 다음 업무를 할 수 없어요.

05
 部長 | 今度の新商品は売れ行きがあまり良くないそうだけど。

 私 | ＿＿＿＿＿＿＿＿＿＿＿＿＿＿＿＿＿＿＿＿＿＿＿＿＿＿＿＿＿。
▶ 포장지의 색깔을 밝게 바꾸는 것이 좋지 않을까 생각됩니다.

보충 어휘
建築現場けんちくげんば 건축 현장 | 差さし入いれする 간식을 전달하다 | 工事こうじ 공사
同封どうふうする 동봉하다 | 同意書どういしょ 동의서 | 捺印なついんする 날인하다 | ~箇所かしょ ~군데
精査せいさ 정밀조사 | 売うれ行ゆき 팔림새 | 包装紙ほうそうし 포장지

06 ロールプレー
필수! BIZ 롤플레이

학습한 주요 어휘 및 표현을 활용하여, 다음과 같은 상황에서 파트너와 롤플레이를 진행해 봅시다.

状況(じょうきょう) 마케팅팀에서 오늘 오전까지 디자인팀으로부터 디자인 피드백을 받기로 되어 있었으나, 오후가 되도록 아직 연락이 없는 상태입니다. 마케팅팀에서 디자인팀에 연락하여 요청했던 업무 협조 건의 진행 상황에 대해 문의합니다.

マーケティング部(ぶ)
① 디자인팀에 전화를 걸어 업무 협조 담당자인 미즈코 씨를 찾습니다.
② 오늘 오전까지 디자인 피드백을 받기로 되어 있었다고 말하며, 진행 상황을 알고 있는지 문의합니다.

デザイン部(ぶ)
① 업무 협조 담당자인 미즈코 씨가 출장으로 부재중이라고 답변합니다.
② 본인이 미즈코 씨로부터 업무를 전달 받았다며, 시간이 지체된 것에 대해 사과하고 오후 중에 이메일로 피드백을 줄 것을 약속합니다.

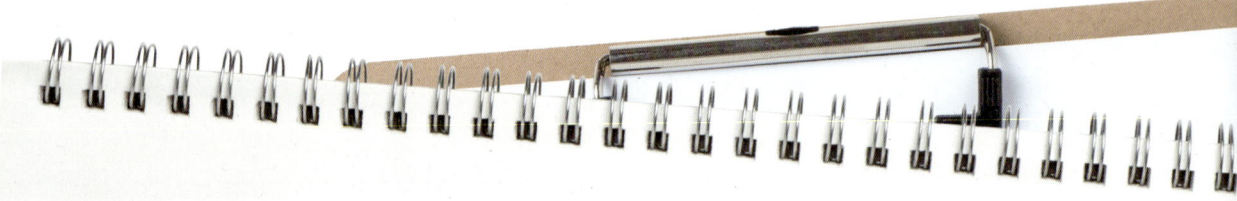

BIZ Tip!
비즈니스 문서의 종류

일본의 기업들은 '문서주의(文書主義ぶんしょしゅぎ)'에 따른 근무를 지향한다. '문서주의'란, 의사결정이나 계약의 상세 내용 등을 문서로 기록하여 보존하거나 공유하는 방법을 일컫는다. 따라서 다양한 종류의 문서들의 명칭 및 기본 양식을 이해할 필요가 있다. 다음은 일본의 사내외에서 자주 사용되는 대표적인 문서 종류들이다.

사내문서(社内文書しゃないぶんしょ)

목적	종류
지시·명령	· 통달 通達つうたつ · 지시서 指示書しじしょ · 품의서 稟議書りんぎしょ
보고 신고 상신	· 보고서 報告書ほうこくしょ · 신고서 届出書とどけでしょ · 상신서 上申書じょうしんしょ
연락·조정	· 통지서 通知書つうちしょ · 조회서 照会書しょうかいしょ · 회답서 回答書かいとうしょ · 안내서 案内書あんないしょ
기록·보존	· 의사록 議事録ぎじろく · 장부·전표류 帳票類ちょうひょうるい

사외문서(社外文書しゃがいぶんしょ)

목적	종류
거래업무	· 통지서 通知書つうちしょ · 안내장 案内状あんないじょう · 소개장 紹介状しょうかいじょう · 조회장 照会状しょうかいじょう · 청구서 請求書せいきゅうしょ · 회답서 回答書かいとうしょ
사교 의례	· 인사장 挨拶状あいさつじょう · 조문장 お悔やみ状じょう · 문안 편지 見舞状みまいじょう

8課 業務報告
ぎょうむほうこく
업무 보고

 학습목표
① 상사에게 프로젝트의 진행 상황을 보고할 수 있다.
② 한 해를 마무리하며 상사와 일대일로 역량 면담을 할 수 있다.

 주요패턴
- ✓ 手短にまとめますと　　간단히 정리하자면
- ✓ ~につきましては　　~에 대해서는
- ✓ ~は~が持ちます。　　~는 ~가 부담합니다.

イメージトーク
이미지 토크

다음 사진을 보면서 아래의 키워드를 활용하여 주어진 상황에 대해 일본어로 말해 봅시다.

| Key Words | 実績 | じっくり見る | 報告書 | まとめる | 見やすい |

01 ▸ 위 사진을 보고 상황, 인물 등에 대해 자유롭게 묘사해 봅시다.
02 ▸ 상사에게 인정받는 나만의 업무 보고 노하우가 있나요? 자유롭게 이야기 해 봅시다.

01 語彙(ごい)
필수! BIZ 어휘

아래 어휘를 따라 읽고, 빈 칸을 채워 문장을 완성해 봅시다. 🎧

☐	進捗(しんちょく)	진척	☐	施行(しこう)	시행
☐	力量(りきりょう)	역량	☐	視察(しさつ)	시찰
☐	人事異動(じんじいどう)	인사이동	☐	現場監督(げんばかんとく)	현장 감독
☐	発令(はつれい)	발령	☐	非常に(ひじょうに)	상당히
☐	ベテラン	베테랑	☐	連携(れんけい)	연휴, 제휴
☐	フォローする	부족한 부분을 도와주다	☐	俯瞰する(ふかんする)	내려다보다
☐	交際(こうさい)	교제	☐	渋滞(じゅうたい)	정체
☐	上限額(じょうげんがく)	상한액	☐	予算(よさん)	예산
☐	営業補償(えいぎょうほしょう)	영업보상	☐	施策を打つ(しさくをうつ)	시책을 세우다
☐	進み具合(すすみぐあい)	진도	☐	容易だ(よういだ)	용이하다

어휘 Check! 빈칸 채우기

보기	非常に(ひじょうに)	施行(しこう)	進捗(しんちょく)

1. プロジェクトの _____ が見(み)えませんね。
   프로젝트의 진척이 보이지가 않네요.

2. わが社(しゃ)は _____ 高(たか)いレベルの技術(ぎじゅつ)を保有(ほゆう)しています。
   우리 회사는 상당히 높은 수준의 기술을 보유하고 있습니다.

3. その事業(じぎょう)は来年(らいねん) _____ する予定(よてい)です。
   그 사업은 내년에 시행할 예정입니다.

정답
1. 進捗(しんちょく)
2. 非常に(ひじょうに)
3. 施行(しこう)

02 表現
필수! BIZ 표현

아래 문장을 읽고, 패턴을 활용해 새로운 문장을 만들어 봅시다.

01 手短にまとめますと 간단히 정리하자면

1. 手短にまとめますと、現状を打開しなければならないということです。
   간단히 정리하자면 현상을 타개하지 않으면 안된다는 것입니다.

2. 手短にまとめますと、運用、管理の実務はAIが担っていくのです。
   간단히 정리하자면 운용, 관리의 실무는 AI가 하게 되는 것입니다.

3. 手短にまとめますと、　　　　　　　　　　　　　　　　　。
   간단히 정리하자면

02 ～につきましては ～에 대해서는

1. 人事異動につきましては、来週、発令があります。
   인사 이동에 대해서는 다음주 발령이 있겠습니다.

2. 未経験の仕事につきましては、ベテランがフォローします。
   미경험인 일에 대해서는 베테랑이 도와 줍니다.

3. 　　　　　　　につきましては、　　　　　　　　　　　　。
   　　에 대해서는

03 ～は～が持ちます。 ～는 ～가 부담합니다.

1. ご注文の品が10,000個以上の場合、送料は弊社が持ちます。
   주문하신 물품이 10,000개 이상인 경우, 배송료는 저희 회사가 부담합니다.

2. 交際費は会社が持ちますが、上限額があります。
   교제비는 회사가 부담하지만 상한액이 있습니다.

3. 　　　　　は　　　　　　　　　が持ちます。
   　　은(는)　　　　　이(가) 부담합니다.

03 会話
필수! BIZ 회화

상황 ❶ ▶ 프로젝트 진행 상황 보고하기

ムン　安全道路事業の進捗状況についてご報告します。まず、こちらの現地レポートをご覧ください。

部長　工事による渋滞のせいで客足が遠のいたというクレームがあるようだけど。

ムン　はい。営業補償につきましては話が進んでおります。ところで住民の方たちと話し合う場合の経費は会社が持ちますか。県が持ちますか。

部長　それは会社の経費です。進み具合はどうなんですか。

ムン　はい。手短にまとめますと、今年3月に施行が始まった県道の凍結抑制弾性塗装は順調に5キロ地点まで進んでいます。それと同時に歩道にセンサー管理システムを埋め込んでいるところです。

部長　写真を見ると、このカーブの近くの壁を取り壊してクッション代わりのものを設置した方が良くないかな。

ムン　そのカーブ自体をなくすと現場監督が言っておりました。

部長　そうですか。現場監督に三日後、県の役員と私が視察に行くと伝えておいてください。

✅ 확인 질문

Q.1 安全道路事業は何を施行していますか。

Q.2 部長は何を提案しましたか。

보충 어휘　客足きゃくあしが遠とおのく 손님 수가 적어지다 ｜ 県道けんどう 현(県)의 비용으로 만들어 유지하는 도로
凍結抑制とうけつよくせい 동결억제 ｜ 弾性塗装だんせいとそう 탄성도장 ｜ 地点ちてん 지점 ｜ 歩道ほどう 보도
埋うめ込こむ 채워 넣다, 설치하다 ｜ カーブ 커브 ｜ 取とり壊こわす 철거하다 ｜ 自体じたい 자체

상황 ❷ ▶ 일대일 역량 면담하기 🎧

課長 ハンさん、入社してもう1年になりますね。仕事はどうですか。

ハン マーケティング部は非常に多くの部署との連携があり、アイデアのみの仕事ではないと実感しました。

課長 そうです。俯瞰することができないと大変ですね。

ハン はい。まだまだですが、次のプロジェクトにぜひ参加させてください。

課長 ハンさんは仕事も丁寧でメンバーともうまくやっているようだし、機会があればやってもらいますよ。

ハン ありがとうございます。会社の予算を考えながら施策を打つことは容易ではなく、はじめの頃は先輩方にいろいろ助けていただきました。

課長 仕事はチームワークが大事です。来年、新人さんが来たらハンさんがフォローする番ですよ。

ハン はい、承知しました。また収集した情報の分析を早くできるように頑張ります。

확인 질문

Q1 ハンさんはどの部署でどんな仕事をしていますか。

Q2 課長はハンさんをどのように評価していますか。

보충 어휘　マーケティング部ぶ 마케팅부 ｜ チームワーク 팀워크 ｜ 〜する番ばん 〜하는 차례

04 文法
필수! BIZ 문법

---

01 동사 て형 + いるところだ　~하는 중이다

★ 어떤 일이 진행중임을 알릴 때 '~하고 있다'라는 의미로 사용한다.

例　現地に向かっているところです。
현장으로 향하고 있는 중입니다.

例　旧館の内装工事をしているところです。
구관의 인테리어 공사를 하고 있는 중입니다.

現地(げんち) 일이 생긴 곳, 현장
向(む)かう 향하다

旧館(きゅうかん) 구관
内装工事(ないそうこうじ) 내부 인테리어 공사

✎ 문형을 사용하여 작문해 봅시다.

1   まだ結果を、＿＿＿＿＿＿＿＿＿＿＿＿＿＿＿＿＿＿＿＿＿＿＿＿。

---

02 동사 사역 て형 + ください　~하게 해주세요

★ 어떤 일을 하게 해달라고 부탁할 때 사용한다.

例　社員たちを早めに来させてください。
사원들을 조금 일찍 오게 해주세요.

例　ここでしばらく待たせてください。
여기서 잠깐 기다리게 해주세요.

早(はや)めに 조금 일찍

しばらく 잠깐 / 당분간

Tip させてください는 적극적인 자세로 부탁하는 느낌이 있고 조심스러운 부탁을 할 때는 ~させていただけませんか로 하는 것이 일반적이다.

✎ 문형을 사용하여 작문해 봅시다.

1   ＿＿＿＿＿＿＿＿＿＿＿＿＿＿＿＿＿＿＿＿＿＿＿＿てください。

05 応用練習
응용 연습

빈칸을 채워 대화문을 완성하고, 파트너와 말하기 연습을 해 봅시다.

01
課長 | 調査の結果、何かわかりましたか。
私 | ＿＿＿＿＿＿＿＿＿＿＿＿＿＿＿＿＿＿＿＿＿＿＿＿＿＿＿＿＿＿。
▶ 간단히 정리하자면 고객층의 고령화 때문이라는 것을 알 수 있었습니다.

02
私 | ＿＿＿＿＿＿＿＿＿＿＿＿＿＿＿＿＿＿＿＿＿＿＿＿＿＿＿＿＿＿。
▶ 이 건에 대해서는 주주총회에서 결정하게 되었습니다.
課長 | 大きな賭けのようなプロジェクトになりそうだから。

03
ウン | 課長、今日は私がみんなにお昼をごちそうしたいです。
課長 | ＿＿＿＿＿＿＿＿＿＿＿＿＿＿＿＿ウンさんはコーヒーをお願いします。
▶ 그러면 점심값은 내가 부담할 테니 은 씨는 커피를 부탁합니다.

04
私 | すみません。先日、伺った件はどうなりましたか。
課長 | ＿＿＿＿＿＿＿＿＿＿＿＿＿＿＿＿＿＿＿＿＿＿＿＿＿＿＿＿＿＿。
▶ 아직 상의 중이니 조금 더 기다리세요.

05
部長 | 明日、服部さんが急に行けなくなったそうで、誰か行ってくれますか。
私 | ＿＿＿＿＿＿＿＿＿＿＿＿＿＿＿＿＿＿＿＿＿＿＿＿＿＿＿＿＿＿。
▶ 네. 그럼 제가 가게 해주세요.

보충 어휘   顧客層こきゃくそう 고객층 | 高齢化こうれいか 고령화 | 株主総会かぶぬしそうかい 주주총회
話はなし合あう 의논하다, 상의하다

06 ロールプレー
필수! BIZ 롤플레이

학습한 주요 어휘 및 표현을 활용하여, 다음과 같은 상황에서 파트너와 롤플레이를 진행해 봅시다.

状況(じょうきょう)
사원이 상사에게 현재 진행 중인 프로젝트의 진행 상황에 대해 보고합니다. 주요 진행 내용과 진행률, 그리고 일정에 맞춰 완료할 수 있는지 여부 등에 대해 사실과 의견을 전달합니다.

上司(じょうし)
❶ 사원에게 내일 오전까지 진행 중인 프로젝트의 진행 상황을 보고하도록 요청합니다.
❷ 사원이 한 업무 보고를 듣고, 내일까지 프로젝트를 완료하지 못할 가능성에 대해 우려를 표현합니다.

社員(しゃいん)
❶ 프로젝트의 주요 내용을 1~2문장으로 간단히 정리하고, 현재 70%가 진행되었다고 보고합니다.
❷ 프로젝트를 내일 오전까지 완료하는 데 문제가 없는 이유에 대해 자신의 의견을 덧붙입니다.

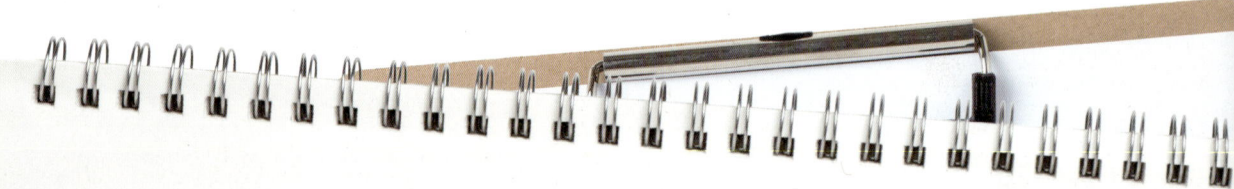

BIZ Tip!
비즈니스 좌석 배치

일본에서는 비즈니스를 포함한 공적 상황에서 상하관계에 따른 좌석 배치와 순서를 중시한다. 일본의 전통 주거 문화인 다타미(畳たたみ)문화와도 연관이 있는 좌석 배치는 그 위치에 따라 상석, 말석으로 구분된다. 기본적으로 접대하는 손님이 상석, 출입구에서 먼 자리가 상석, 오른쪽이 상석이다. 아래 그림에서 상석은 ❶→❷→❸→❹의 순서이다. ❶은 최상석, ❹는 말석이다.

방(部屋へや)의 좌석 순서
출입구에서 가장 먼 ❶이 상석, 가장 가까운 ❹가 말석이다. 만약 방 안에 도코노마(床の間とこのま)와 도코와키(床脇とこわき)가 있는 경우에는 도코노마가 있는 쪽이 상석이다.

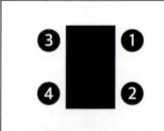

*도코노마 : 일본식 방의 상좌에 바닥을 한층 높게 만든 곳으로, 벽에는 족자를 걸고 바닥에는 꽃이나 장식물을 꾸며 놓은 곳
*도코와키 : 도코노마의 옆으로 작은 벽장이나 2단 선반 등을 설치하는 곳

승용차(車くるま)의 좌석 순서

운전사가 있을 경우 운전사 뒷자리가 최상석이고, 조수석이 말석이다. 그러나 상사 또는 거래처 직원이 운전할 경우 조수석이 최상석이고, 뒷자석에 세 명이 탔다면 가운데 자리가 말석이다.

付録
ふ ろく

부록

❶ 필수 어휘 & 보충 어휘 모음 78
❷ 본문 해설 모음 86

필수 어휘 & 보충 어휘

あ		
あいにく	공교롭게도	1과
合あう	맞다	7과
扱あつかい	취급	6과
扱あつかう	취급하다	2과
アポイントを取とる	약속을 잡다	3과
誤あやまり	실수	5과
謝あやまる	사과하다	5과
ありがたい	고마운 일이다	4과
案あん	제안	4과
安易あんいに	안이하게	7과

い		
以降いこう	이후	2과
以後いご	이후	5과
痛いたむ	아프다	6과
一応いちおう	일단	4과
一行いっこう	일행	2과
一体いったい	도대체	5과
違反いはんする	위반하다	2과
違法いほう	불법	2과
イメージアップ	이미지 향상	5과
イメージダウン	이미지 하락	5과
入いり	~입	7과
要いる	필요하다	1과

入いれ間違まちがえ	잘못 넣음	7과

う		
承うけたまわる	받다 (겸양어)	3과
うち	우리	1과
うっかりミス	부주의로 인한 실수	7과
埋うめ込こむ	채워 넣다	8과
売うれ行ゆき	팔림새	7과

え		
営業事務えいぎょうじむ	영업사무	2과
営業補償えいぎょうほしょう	영업보상	8과
営業えいぎょうマン	영업사원	2과
エンジニアリング	엔지니어링	5과
協力きょうりょく	협조	7과

お		
追おいつく	따라 잡다	4과
応対おうたい	응대	3과
大掛おおがかり	대규모	7과
起おき上あがる	일어나다	6과
遅おくれ	지연	5과
怠おこたる	소홀히 하다	5과
抑おさえる	억제하다	7과
お世話せわになる	신세를 지다	4과
教おそわる	배우다	1과
お大事だいじに	몸조심하세요	6과
お得意様とくいさま	단골 고객사	2과

日本語	読み方	韓国語訳	課
お願いする	ねがいする	부탁드리다	1과
お弁当	べんとう	도시락	6과

か

日本語	読み方	韓国語訳	課
カーブ		커브	8과
海外配送	かいがいはいそう	해외배송	4과
会合	かいごう	회합	7과
解散	かいさん	해산	2과
会場	かいじょう	행사장	3과
価格相場	かかくそうば	시세 가격	7과
下記	かき	하기	2과
重なる	かさなる	겹치다	4과
重ねて	かさねて	거듭, 다시 한 번	5과
箇所	かしょ	~군데	7과
風邪を引く	かぜをひく	감기에 걸리다	6과
勝手ですが	かってですが	제멋대로이지만	4과
稼働する	かどうする	가동하다	7과
株主総会	かぶぬしそうかい	주주총회	8과
カレー粉	カレーこ	카레가루	4과
代わり	かわり	대신	6과
簡潔に	かんけつに	간결하게	3과
感想	かんそう	소감	6과

き

日本語	読み方	韓国語訳	課
聞き直す	ききなおす	다시 물어보다	3과
聞こえない	きこえない	안 들리다	3과
期日	きじつ	기일	4과
記帳	きちょう	장부에 기입함	2과
きちんと		바르게, 잘	6과
気付く	きづく	알아차리다	5과
規定	きてい	규정	6과
記入する	きにゅうする	기입하다	6과
決まり	きまり	규정, 규칙	2과
機密	きみつ	기밀	2과
客足が遠のく	きゃくあしがとおのく	손님 수가 적어지다	8과
旧館	きゅうかん	구관	8과
急な	きゅうな	급한	2과
急用	きゅうよう	급한 일	3과
切れる	きれる	떨어지다, 끊기다	1과
緊急	きんきゅう	긴급	4과
禁止	きんし	금지	2과

く

日本語	読み方	韓国語訳	課
苦情	くじょう	불평	5과
組み立て	くみたて	조립 (계획 등을) 짜기	5과
くもり防止ガラスフィルム	くもりぼうしガラスフィルム	흐림방지 유리필름	7과
クレーム		클레임	5과

け

日本語	読み方	韓国語訳	課
経験者	けいけんしゃ	경력자	1과
ケース		케이스 (박스 단위 판매)	4과
化粧品	けしょうひん	화장품	4과

欠員 (けついん)	결원	3과
見学 (けんがく)	견학	4과
研修 (けんしゅう)	연수	1과
厳守 (げんしゅ)	엄수	2과
建築現場 (けんちくげんば)	건축 현장	7과
検討する (けんとう)	검토하다	5과
県道 (けんどう)	현(県)의 비용으로 만들어 유지하는 도로	8과
検品 (けんぴん)	검품 (제품을 검사함)	5과
現地 (げんち)	일이 생긴 곳, 현장	8과
現場監督 (げんばかんとく)	현장 감독	8과
原本 (げんぽん)	원본	2과
原料 (げんりょう)	원료	7과

こ

高価な (こうかな)	값비싼	6과
広告 (こうこく)	광고	4과
交際 (こうさい)	교제	8과
工事 (こうじ)	공사	7과
工程 (こうてい)	공정	7과
高齢化 (こうれいか)	고령화	8과
顧客層 (こきゃくそう)	고객층	8과
心から (こころから)	진심으로	5과
誤字 (ごじ)	오타	2과
断りなく (ことわりなく)	허락 없이	2과
困る (こまる)	곤란하다	5과
ご不便をおかけする (ごふべん)	불편함을 끼쳐 드리다	5과
ご本人様 (ごほんにんさま)	본인 (존경어)	4과

ご要望に沿えず (ごようぼうにそえず)	요청에 부응하지 못해서	4과
今後 (こんご)	앞으로	2과
コンセプト	콘셉트	5과

さ

再調整 (さいちょうせい)	재조정	3과
さきほど	조금 전	1과
作成する (さくせい)	작성하다	1과
差し入れする (さしいれ)	간식을 전달하다	7과
早急に (さっきゅうに)	조급히	5과
早速 (さっそく)	당장	7과
殺到する (さっとう)	(일, 주문 등이) 쇄도하다	4과
賛成する (さんせい)	찬성하다	4과
サンプル	샘플	3과
参与する (さんよ)	참여하다	5과

し

仕入れ (しいれ)	매입	4과
仕方ない (しかたない)	어쩔 수 없다	6과
至急 (しきゅう)	시급히	3과
試供品 (しきょうひん)	시공품, 샘플	6과
施行 (しこう)	시행	8과
事項 (じこう)	사항	2과
事後 (じご)	사후	6과
施策を打つ (しさくをうつ)	시책을 세우다	8과
試作品 (しさくひん)	시작품	3과
視察 (しさつ)	시찰	8과
指示を仰ぐ (しじをあおぐ)	지시를 받다	1과

일본어	한국어	과
自体(じたい)	자체	8과
実験(じっけん)する	실험하다	5과
失敗(しっぱい)する	실패하다	6과
支店(してん)	지점	4과
品切(しなぎ)れ	품절	4과
しばらく	잠깐, 당분간	8과
就業時間(しゅうぎょうじかん)	업무시간	2과
集合(しゅうごう)	집합	2과
渋滞(じゅうたい)	정체	8과
十分(じゅうぶん)(に)	충분히	2과
出荷(しゅっか)(日)	출하(일)	7과
出社(しゅっしゃ)	출근	1과
受話器(じゅわき)	수화기	3과
上限額(じょうげんがく)	상한액	8과
詳細(しょうさい)	상세 내용	4과
少々(しょうしょう)	잠시	3과
生(しょう)じる	발생하다	7과
承諾(しょうだく)する	승낙하다	4과
商談(しょうだん)	상담 (신규 비즈니스 권유)	3과
証明(しょうめい)	증명	6과
食品(しょくひん)アレルギー	식품 알레르기	6과
資料(しりょう)	자료	1과
仕分(しわ)ける	분류하다	5과
人事異動(じんじいどう)	인사이동	8과
新人(しんじん)	신입	1과
申請(しんせい)	신청	6과
新卒(しんそつ)(者)	새로 졸업한 사람	1과
進捗(しんちょく)	진척	8과
新入社員(しんにゅうしゃいん)	신입사원	1과
信用(しんよう)	신용	2과
尽力(じんりょく)する	노력하다	5과

す

일본어	한국어	과
進(すす)み具合(ぐあい)	진도	8과
勧(すす)める	권하다	5과
頭痛(ずつう)がする	두통이 나다	6과
スムーズに	순조롭게	2과
ずらす	비켜 놓다	7과
する番(ばん)	~하는 차례	8과

せ

일본어	한국어	과
せい	~탓, ~때문	5과
正社員(せいしゃいん)	정사원	1과
精一杯(せいいっぱい)	성심껏	1과
精査(せいさ)	정밀조사	7과
生産課(せいさんか)	생산과	3과
製品化(せいひんか)	제품화	5과
静養(せいよう)する	요양하다, 쉬다	6과
席(せき)	자리	1과
席(せき)を外(はず)す	자리를 비우다	4과
咳(せき)が出(で)る	기침이 나다	6과
責任(せきにん)を取(と)る	책임을 지다	6과
先日(せんじつ)	얼마전	4과
先方(せんぽう)	상대방	2과

そ

そういえば	그러고 보니	6과
総務課(そうむか)	총무과	5과
外回りに行く(そとまわりにいく)	외근을 가다	1과
そろそろ	슬슬	5과
存じる(ぞんじる)	알다 (겸양어)	4과

た

ダース	다스(12개짜리 한 세트)	1과
対応(たいおう)	대응	2과
退社(たいしゃ)	퇴근	1과
対処する(たいしょする)	대처하다	5과
体調を崩す(たいちょうをくずす)	몸상태가 안좋아지다	6과
体調管理(たいちょうかんり)	건강관리	6과
卓上電話(たくじょうでんわ)	탁상 전화	3과
たしか	분명히	1과
多数(たすう)	다수	5과
尋ねる(たずねる)	물어보다	1과
ただ	단지	7과
棚(たな)	선반	6과
頼む(たのむ)	부탁하다	6과
多忙だ(たぼうだ)	매우 바쁘다	1과
単価(たんか)	단가	7과
弾性塗装(だんせいとそう)	탄성도장	8과

ち

チームワーク	팀워크	8과
力になる(ちからになる)	힘이 되다	1과
地点(ちてん)	지점	8과
調達部(ちょうたつぶ)	조달부	7과
朝礼(ちょうれい)	조례	2과

つ

通院(つういん)	통원	6과
付き合い(つきあい)	교제, 행동을 같이 하다	7과
都合(つごう)	사정	2과
常に(つねに)	항상	1과

て

訂正(ていせい)	정정	5과
できれば	될 수 있으면	6과
手違い(てちがい)	착오	5과
てっきり	분명히	5과
手続き(てつづき)	수속	2과
手配する(てはいする)	준비하다	7과
手元(てもと)	손이 미치는 범위	3과
デモンストレーション	데먼스트레이션 (상품 등)실물 선전	6과
点検する(てんけんする)	점검하다	7과
伝言(でんごん)	전언, 말을 전함	3과
展示会(てんじかい)	전시회	3과
伝票を切る(でんぴょうをきる)	전표를 끊다	2과
電話を切る(でんわをきる)	전화를 끊다	3과
電話を取る(でんわをとる)	전화를 받다	3과
電話が遠い(でんわがとおい)	전화 소리가 작게 들리다	3과
電話が鳴る(でんわがなる)	전화가 울리다	3과

と

問い合わせ(といあわせ)	문의	2과
同意書(どういしょ)	동의서	7과

일본어	한국어	과
同期(どうき)	동기	1과
凍結抑制(とうけつよくせい)	동결억제	8과
当社(とうしゃ)	당사	4과
同席する(どうせきする)	동석하다	7과
同品(どうひん)	같은 제품	4과
同封する(どうふうする)	동봉하다	7과
ドキュメント	PC파일	1과
得意先(とくいさき)	단골 고객사	5과
戸棚(とだな)	찬장	1과
届く(とどく)	도착하다	4과
とりあえず	일단	1과
取り入れる(とりいれる)	도입하다	7과
取り壊す(とりこわす)	철거하다	8과
取り次ぎ(とりつぎ)	당겨 받기	3과

な

일본어	한국어	과
内線(番号)(ないせんばんごう)	내선(번호)	3과
内装工事(ないそうこうじ)	내부 인테리어 공사	8과
治る(なおる)	낫다, 치료되다	6과
長い目で見る(ながいめでみる)	긴 안목으로 보다	7과
半ば(なかば)	중순	4과
捺印する(なついんする)	날인하다	7과
名乗る(なのる)	자신의 이름을 대다	3과

に

일본어	한국어	과
(~に)代わる(かわる)	(~에게) 바꾸다	3과
日時(にちじ)	일시	3과
~にて	~로 (정중 표현)	4과

ぬ

일본어	한국어	과
抜ける(ぬける)	누락되다	5과

ね

일본어	한국어	과
熱がある(ねつがある)	열이 있다	6과

の

일본어	한국어	과
納品(のうひん)	납품	4과
のみ	~만	2과

は

일본어	한국어	과
売店(ばいてん)	매점	1과
配布(はいふ)	배포	3과
箱(はこ)	박스	5과
発行(はっこう)	발행	2과
発送(はっそう)	발송	5과
発注(はっちゅう)	발주 (물건 주문하기)	3과
発注先(はっちゅうさき)	수주처, 판매처	4과
発注元(はっちゅうもと)	발주처, 주문처	4과
発売(はつばい)	발매	4과
発令(はつれい)	발령	8과
話し合う(はなしあう)	의논하다	8과
早めに(はやめに)	조금 일찍	8과
半数(はんすう)	절반	5과
繁忙期(はんぼうき)	성수기	6과
判明する(はんめいする)	판명하다	5과

ひ

일본어	한국어	과
ヒアリング	히어링, 청문	2과
引継ぎ(ひきつぎ)	인수인계	2과
引き継ぐ(ひきつぐ)	인수인계하다	2과

일본어	한국어	과
非(ひ)常(じょう)に	상당히	8과
備(び)蓄(ちく)倉(そう)庫(こ)	비축창고	6과
日(ひ)付(づ)け	날짜	2과
ぴったり	딱	6과
一(ひと)口(くち)サイズ	한입 사이즈	6과
美(び)肌(はだ)	결이 고운 피부	4과
病(びょう)欠(けつ)する	병가를 내다	6과
品(ひん)質(しつ)管(かん)理(り)課(か)	품질관리과	3과

ふ

일본어	한국어	과
部(ぶ)	~장 (인쇄물 매수)	4과
ブース	부스	6과
封(ふう)筒(とう)	봉투	1과
フォルダ	폴더	4과
フォローする	부족한 부분을 도와주다	8과
不(ふ)快(かい)だ	불쾌하다	5과
俯(ふ)瞰(かん)する	내려다보다	8과
不(ふ)具(ぐ)合(あい)	오류	7과
復(ふく)唱(しょう)する	복창하다	3과
防(ふせ)ぐ	방지하다	5과
不(ふ)注(ちゅう)意(い)	부주의	5과
不(ふ)手(て)際(ぎわ)	실수, 서툴게 처리함	5과
部(ぶ)品(ひん)	부품	4과
不(ふ)良(りょう)品(ひん)	불량품	5과

へ

일본어	한국어	과
ベテラン	베테랑	8과

ほ

일본어	한국어	과
方(ほう)針(しん)	방침	2과
包(ほう)装(そう)紙(し)	포장지	7과
補(ほ)充(じゅう)する	보충하다	1과
歩(ほ)道(どう)	보도	8과
保(ほ)留(りゅう)にする	보류하다	3과
本(ほん)日(じつ)(中(ちゅう))	오늘(중)	2과
翻(ほん)訳(やく)	번역	3과

ま

일본어	한국어	과
マーケティング部(ぶ)	마케팅부	8과
マイクロバス	소형 버스	7과
前(まえ)もって	미리	5과
任(まか)せる	맡기다	5과
誠(まこと)に	참으로	4과
混(ま)ざる	섞이다	5과
まず	우선	1과
マナー	매너	2과
学(まな)ぶ	배우다	1과
間(ま)に合(あ)う	늦지 않다	1과
マニュアル	매뉴얼	2과

み

일본어	한국어	과
見(み)当(あ)たらない	있던 것이 보이지 않다	1과
見(み)方(かた)	보는 방법	1과
見(み)込(こ)み	예상	2과
未(み)熟(じゅく)	미숙함	5과
ミス	실수	5과
見(み)積(つもり)書(しょ)	견적서	2과

む

일본어	한국어	과
向(む)かう	향하다	8과

め

迷惑メール（めいわく）	스팸 메일	4과
メーカー	제조업자	7과
メール便（びん）	택배사가 하는 서류운반 서비스	2과
目を通す（めとお）	훑어 보다	2과
メモを取る（と）	메모를 하다	1과

も

モーター	모터	5과
漏れる（も）	새다	2과

や

役員室（やくいんしつ）	임원실	1과
辞める（や）	그만두다	6과
やや	살짝, 미미하게	5과
やり取り（と）	거래, 대화	2과

ゆ

有給休暇（ゆうきゅうきゅうか）	유급휴가	6과
ユーザー	사용자, 수요자	7과

よ

用意（ようい）	준비, 대비	1과
容易だ（ようい）	용이하다	8과
要員（よういん）	요원	1과
要求（ようきゅう）	요구	4과
要請（ようせい）	요청	4과
予算（よさん）	예산	8과
よし	좋아, 아자	5과

り

力量（りきりょう）	역량	8과

れ

連携（れんけい）	연휴, 제휴	8과

わ

ワークショップ	워크숍	6과

본문 해설 모음

1과 | 입사

상황 ❶ ▶ 신규 입사자로서 인사하기

과장 : 여러분, 오늘부터 우리 부서에서 일하게 될 직원을 소개하겠습니다. 그럼 인사하도록.
김 : 처음 뵙겠습니다. 김경아입니다. 한국에서 왔습니다.
　　　일을 빨리 배워서 여러분의 힘이 되고 싶습니다. 잘 부탁 드립니다.
과장 : 하야시 씨, 김 씨에게 커리큘럼을 가르쳐줘요.
하야시 : 안녕하세요. 하야시입니다. 올해로 3년차입니다. 이곳은 매우 바쁜 곳이니 열심히 합시다.
김 : 네. 열심히 하겠습니다. 그런데 어떻게 부르는 것이 좋을까요?
하야시 : 하야시 씨로 불러주세요. 모르는 것이 있으면 꼭 물어보세요.
김 : 네, 그럼 이 표를 보는 방법을 알려주시겠습니까?
하야시 : 알겠어요, 그 전에 먼저 김 씨 자리부터 안내할게요.

Q1. 김 씨는 누구에게 일을 배웁니까?
Q2. 김 씨는 누구에게 어떤 질문을 했습니까?

상황 ❷ ▶ 비품 사용법 문의하기

조 : 실례합니다. 복사용지를 다 사용한 것 같은데요. 항상 있는 곳에서도 보이지 않아요.
카와모토 : 그렇다면 비품실에 가보세요. 열쇠는 어디에 있는지 아세요?
조 : 네. 열쇠가 몇 개 있네요. 이것인가요?
카와모토 : 네, 그거예요. 비품실에 가는 김에 빨간색이랑 검정색 마카 한 다스씩 부탁 드립니다.
조 : 알겠습니다. 비품실은 분명... 3층이지요?
카와모토 : 아니오. 이곳과 같은 층입니다. 돌아오면 잠깐 쉬세요.
조 : 감사합니다. 그런데 저 선반에 있는 커피는 누구 것인가요?
카와모토 : 저것은 이 부서에서 사용하는 것입니다. 떨어지면 경비로 다시 살 테니 자유롭게 드세요.

Q1. 조 씨는 비품실에 무엇을 가지러 갑니까?
Q2. 카와모토 씨가 조 씨에게 가르친 3가지 내용은 무엇입니까?

2과 | 실무 교육

상황 ❶ ▶ 사내 규정 인수인계

야마시타 :	출근 후 조례에서 전날의 업무 보고를 합니다. 집합시간은 엄수해 주세요.
윤 :	예. 부업은 금지라고 되어 있는데 자택에서 하는 것도 안되나요?
야마시타 :	자택 말입니까? 일에 영향을 주지 않는다면 특별히 문제는 없습니다.
윤 :	알겠습니다. 고객과의 연락은 업무시간 외에도 있습니까?
야마시타 :	기본적으로는 하지 않지만 업무시간 외의 경우 고객과는 메일로만 대응합니다. 그리고 기밀이 새지 않도록 부탁합니다. 회사의 신용문제로 이어지니까요.
윤 :	예. 야근은 하지 않는다는 규정인데 이것도 반드시입니까?
야마시타 :	맞아요. 규칙대로 해 주세요. 인수인계는 내일까지이니 매뉴얼을 잘 읽어 주세요.

Q1. 출근하면 처음에 무엇을 합니까?
Q2. 업무시간 외에는 고객과는 어떻게 연락하기로 되어 있습니까?

상황 ❷ ▶ 서류 업무 처리하기

박 :	이 회사의 고객관리표는 어디에 있습니까?
키타노 :	아직 없어요. 신규인 경우, 견적서와 계약서 작성을 먼저 하는데요.
박 :	예상 고객사이신가요? 그럼 견적서부터 작성하면 되겠습니까?
키타노 :	어제 문의가 있었어요. 우선 정보파악부터 해야겠네요.
박 :	그 일은 영업 쪽에서 하는 일인가요? 아니면 제가 하는 일입니까?
키타노 :	이 일은 영업사무직의 일입니다. 하지만 박 씨는 아직 혼자서는 어려울 테니 이번에는 제가 같이 하지요. 그리고, 만약 고객님께서 강하게 원하시면 우리 사정을 우선시해서는 안됩니다.
박 :	네, 알겠습니다. 그런데 이 단골 고객사의 청구서는 언제 발행합니까?
키타노 :	영업사원에게 청구액을 메일로 받고 나서 해 주세요.

Q1. 신규 고객에게는 어떤 것부터 하고 무엇을 준비합니까?
Q2. 키타노 씨는 무엇을 해서는 안 된다고 했습니까?

3과 | 전화 통화

상황 ❶ ▶ 전화 받기(메모 남기기)

정 :	네, 기획부입니다.
마쓰바라 :	수고하십니다. 마쓰바라입니다만 과장님 계십니까?
정 :	수고하십니다. 과장님께서 지금 회의 중이시니 메모 남겨주시면 전해 드리겠습니다.
마쓰바라 :	실은 공장장님께서 말씀하시길 시작품 시험의 결과에 문제가 있는 것 같습니다.
정 :	그렇습니까? 그러면 다시 조정이 필요하겠네요.
마쓰바라 :	네. 그리고 제조부장님이 내일 급한 일 때문에 회의에 참석이 어렵다고 하세요.
정 :	알겠습니다. 과장님께서 돌아오시면 그렇게 전해 드리겠습니다.
마쓰바라 :	네. 부탁 드립니다. 이만 끊겠습니다.

Q1. 마쓰바라 씨의 전달사항이 무엇입니까?
Q2. 정 씨는 왜 전달을 하겠다고 했습니까?

상황 ❷ ▶ 전화 걸기

신 :	영업부입니다. 사쿠마 부장님과 통화하고 싶습니다.
품질관리과 :	네. 지금 저희 부장님과 회의실에 계시니 바로 내선번호로 연결해 드리겠습니다.
부장 :	네. 사쿠마입니다.
신 :	부장님, 회의 중에 죄송합니다. 신 입니다만, 내일 상담 건으로 연락 드렸습니다.
부장 :	무슨 일 있습니까?
신 :	내일 결원이 한 명 생기는 모양입니다.
부장 :	인원 보충에 관해서는 품질(관리과)의 다나카 씨에게 부탁해 보세요.
신 :	예. 알겠습니다. 그럼 이만 끊겠습니다.

Q1. 신 씨가 전화한 용건은 무엇입니까?
Q2. 신 씨가 전화했을 때, 사쿠마 부장님은 어디서 무엇을 했었습니까?

4과 | 거래처 응대

상황 ❶ ▶ 거래처 주문 받기(의뢰와 승낙)

홍 :	전화주셔서 감사합니다. 다이야광고입니다.
발주처 :	안녕하십니까. 하트화장품 기획부의 호시노입니다. 4월에 발매예정인 피부젤 건으로 전화를 드렸습니다.
홍 :	하트화장품의 호시노님이시네요. 안녕하십니까?
발주처 :	포스터를 1,000장, 팸플릿을 10,000장 부탁하고 싶은데요.
홍 :	알겠습니다. 기일은 언제까지이신가요?
발주처 :	3월 중순, 15일까지 부탁합니다. 타사와 겹치게 될 것 같으니 빨리 해주시면 더욱 감사하겠습니다.
홍 :	예. 감사합니다. 자세한 내용은 이메일로 연락드리겠습니다. 오늘은 저, 홍이 주문전화를 받았습니다.
발주처 :	네. 그럼 잘 부탁드립니다.

Q1. 홍 씨는 어떤 주문을 받았습니까?
Q2. 발주처는 어떤 요청을 했습니까?

상황 ❷ ▶ 거래처 주문 받기(의뢰와 거절)

송 :	전화를 주셔서 감사합니다. 하나마츠산업입니다.
고객 :	안녕하십니까. 탄포포푸즈의 사토라고 합니다. 이시다 씨 계십니까?
송 :	안녕하십니까. 지금 이시다 씨는 자리에 안 계셔서 괜찮으시다면 제가 여쭈어 보겠습니다.
고객 :	실은 추가발주 건으로 전화드렸습니다. 갑작스럽게 죄송하지만 콜라겐 카레가루를 금주 중에 10박스 부탁드리고 싶어서요.
송 :	요청사항에 부응하지 못해드려서 대단히 유감스럽지만 지금 주문이 폭주 상태여서 금주 중에 납품이 어려울거라 생각됩니다.
고객 :	예. 알고 있습니다. 죄송합니다만 일단 이시다 씨에게 전해주시겠습니까?
송 :	알겠습니다. 그렇게 전하겠습니다.
고객 :	감사합니다. 그럼 나중에 다시 연락드리겠습니다.

Q1. 고객은 무엇을 요구했습니까?
Q2. 송 씨는 고객의 요청에 어떻게 대답했습니까?

5과 | 클레임

상황 ❶ ▶ 납품 실수로 인한 클레임 해결하기

담당자 :	전화주셔서 감사합니다. 아즈마엔지니어링입니다.
단골고객 :	피스자동차 오카다입니다. 모터의 불량품이 절반 가까이 있었는데 도대체 어떻게 된 일입니까?
담당자 :	피스자동차 오카다님, 안녕하십니까. 지금 확인하겠습니다. 잠시만 기다려 주십시오.
	많이 기다리셨습니다. 이번에 불량품이 다수 발생하게 되어 매우 불편을 끼쳐 드렸습니다. 확인해보니 저희 쪽 배송 실수가 원인이었습니다.
단골고객 :	그러면 언제 납품이 가능합니까? 저희 쪽도 생산 예정이 있으니 빨리 부탁하고 싶은데요.
담당자 :	예. 최대한 빨리 대응하겠습니다만 3일의 시간을 주셨으면 합니다.
단골고객 :	알겠습니다. 그런데 검품은 되어 있던 것입니까?
담당자 :	예. 불량품으로 분류된 박스가 섞인 모양입니다. 저희 쪽 실수로 폐를 끼쳐 드린 것에 대해 깊이 사과드리겠습니다.

Q1. 고객의 클레임은 무엇입니까?
Q2. 담당자는 클레임에 어떻게 대처했습니까?

상황 ❷ ▶ 상사에게 사과하기

유 :	총무과입니다.
과장 :	유 씨에요? 스케줄 누가 짠 거예요?
유 :	예. 제가 했는데 무슨 문제가 있습니까?
과장 :	다음주 해외출장과 고객님과의 약속이 겹쳤는데 어떻게 된 일입니까?
유 :	네? 고객님과의 약속은 출장의 다음주로 했다고 생각했습니다만. 죄송합니다.
과장 :	곤란하네요. 만약 내가 몰랐으면 어떻게 되었을까요? 해외출장은 변경하기 어려우니까 고객님께 잘 사과드리고 날짜를 바꾸도록 하세요..
유 :	알겠습니다. 저의 부주의로 과장님께 염려를 끼쳐 드려 죄송합니다.
과장 :	미리 확인하는 것을 소홀히 하지 않으면 실수는 방지할 수 있어요. 앞으로 주의해주세요.

Q1. 유 씨는 어떤 실수를 했습니까?
Q2. 과장님은 유 씨에게 어떻게 해야 한다고 말했습니까?

6과 | 휴가

상황 ① ▶ 병가 내기

나 : 안녕하십니까. 나 입니다. 실은 어제 밤부터 건강 상태가 좋지 않아 지금 열도 납니다.
과장 : 여보세요, 나 씨, 감기에 걸린 거예요?
나 : 아마 그런 것 같습니다. 두통도 심해서 죄송합니다만 오늘은 쉬어도 되겠습니까?
과장 : 힘들겠네요. 오늘은 푹 쉬세요.
나 : 감사합니다. 염치 불구하고 푹 쉬겠습니다. 그리고 오늘 데먼스트레이션 건 입니다만.
과장 : 그러고 보니 나 씨가 담당이었네요. 샘플은 비축창고 어디에 있나요?
나 : 들어가서 맨 위의 선반입니다. 죄송하지만 제 대체자로 이노우에 씨에게 부탁해 주시겠습니까?
과장 : 알았어요. 무리하지 말고, 될 수 있으면 병원에서 진료를 받아요. 몸조심하도록.

Q1. 나 씨는 왜 회사를 쉽니까?
Q2. 과장님은 나 씨에게 어떤 부탁을 받았습니까?

상황 ② ▶ 유급휴가 신청하기

안 : 부장님, 유급휴가의 사후신청이 가능합니까?
부장 : 통원 증명서가 있으면 돼요.
안 : 실은 지난 주 목요일에 병가를 냈습니다. 그 날은 등이 아파서 도저히 일어날 수 없었습니다.
부장 : 그래서 병원에는 못 갔었나요? 지금은 어때요?
안 : 예. 그 하루만이고 다음 날에는 다 나았습니다. 혹시 그 날의 결근을 유급휴가로 해주실 수 있다면 감사하겠습니다.
부장 : 하지만 우리 회사 규정으로 사후신청의 경우에는 통원증명이 없으면 유급으로 해줄 수는 없네요.
안 : 그렇지요. 아쉽지만 어쩔 수가 없습니다.
부장 : 그런데 그 후에 병원에는 가봤어요? 아직이라면 유급휴가를 이용해서 건강관리를 잘 해주세요.

Q1. 안 씨는 부장님에게 무엇을 질문했습니까?
Q2. 부장님은 안 씨에게 무엇을 권했습니까?

7과 | 업무 협조

상황 ① ▶ 도움 요청하기

민 :	과장님, 부품의 시세 가격은 어떻게 알아봅니까?
과장 :	거래하고 있는 제조업체에게 견적을 의뢰하세요.
민 :	인터넷에서 구입하는 것이 더 단가가 저렴하지 않습니까?
과장 :	뭐, 혹시 몰라서 비교는 하지만 거래가 오래된 제조업체거든요.
민 :	거래기간도 중요하지만 보다 더 싸게 구입할 수 있으면 저희 회사에게 이익이지 않을까 싶습니다.
과장 :	그러나 단지 저렴하다고 해서 안이하게 판단할 수 없는 부분도 있어요. 긴 안목으로 봐야 해요.
민 :	알겠습니다. 번거로우시겠지만 지금까지의 거래내용과 그 대응법에 대해 가르쳐 주십시오.
과장 :	좋습니다. 하지만 민 씨 생각도 맞지요. 조달부에서는 비용을 줄이는 것이 과제이니까요.

Q1. 과장님은 부품의 시세 가격을 어떻게 알아보라고 말했습니까?
Q2. 과장님의 지시에 대해 민 씨는 어떻게 생각합니까?

상황 ② ▶ 업무협조 요청하기

생산기술과 :	수고하십니다. 저는 생산기술의 이가라시입니다. 오늘 시작하기로 했던 흐림방지 유리필름의 제조 건으로 연락 드렸습니다.
제조과 :	네, 제가 먼저 연락을 드렸어야 했는데 정신이 없어서 잊어버렸습니다. 죄송합니다.
생산기술과 :	아닙니다. 바쁜 시기일텐데 수고가 많으십니다. 그런데 이전에 공정에서 오류가 발생했다고 해서 걱정하고 있습니다만.
제조과 :	원료를 잘못 넣어서였는데 바로 발견돼서 다행이었습니다.
생산기술과 :	부주의로 인한 실수는 방지할 방법이 없는걸까요. 기계에 영향은 없었습니까?
제조과 :	점검하니 문제는 없었어요. 지금 바로 가동합니다.
생산기술과 :	그러면 메일로 전해드린 기일까지 10매입으로 해주세요.
제조과 :	알겠습니다. 기일보다 3일정도 일찍 나오지 않을까 생각됩니다. 그럼 추후.(연락드리겠습니다)

Q1. 제조과는 생산기술과로부터 어떤 의뢰를 받았습니까?
Q2. 생산기술과는 무엇을 걱정했었습니까?

8과 | 업무 보고

상황 ❶ ▶ 프로젝트 진행 상황 보고하기

문 : 안전도로사업의 진척 상황에 대해 보고 드리겠습니다. 우선 이 현장 보고서를 보십시오.
부장 : 공사로 인한 정체 때문에 손님 수가 적어졌다고 하는 클레임이 있다고 들었는데.
문 : 네. 영업 보상에 대해서는 이야기가 진행되고 있습니다. 그런데 주민들과 의논할 경우에 발생하는 경비는 회사가 부담합니까? 지자체에서 부담합니까?
부장 : 회사 경비로 부담합니다. 진행상황은 어떤가요?
문 : 네. 간단히 정리하자면 올해 3월에 시행이 시작된 지역의 동결억제탄성도장은 순조롭게 5km 지점까지 진행했습니다. 이와 동시에 보도에 센서 관리시스템을 설치하고 있습니다.
부장 : 사진을 보니 이 커브 옆의 벽을 철거해서 쿠션 대용물을 설치하는 것이 좋지 않을까요?
문 : 그 커브 자체를 없앤다고 현장 감독이 말씀하셨어요.
부장 : 그래요. 현장 감독에게 3일 후 지역 임원과 내가 시찰하러 간다고 전하세요.

Q1. 안전도로사업은 무엇을 시행하고 있습니까?
Q2. 부장님은 무엇을 제안했습니까?

상황 ❷ ▶ 일대일 역량 면담하기

과장 : 한 씨, 입사한지 벌써 1년이 됐네요. 일은 어때요?
한 : 마케팅부는 상당히 많은 부서와의 연계가 있어서 아이디어만으로 하는 일이 아니라는 것을 실감했습니다.
과장 : 맞아요. 전체적으로 파악하지 못하면 고생하지요.
한 : 네. 아직 부족하지만 다음 프로젝트에 꼭 참가시켜 주세요.
과장 : 한 씨는 일도 성실히 하고 팀원들과도 잘 지내고 있는 것 같으니 기회가 있으면 시키지요.
한 : 감사합니다. 회사의 예산을 생각하면서 시책을 세우는 일은 쉽지 않았고, 처음에는 선배님들에게 여러모로 도움을 받았습니다.
과장 : 일은 팀워크가 중요해요. 내년에 신입이 들어오면 한 씨가 잘 도와줄 차례에요.
한 : 예. 알겠습니다. 그리고 수집한 정보들을 빨리 분석할 수 있도록 노력하겠습니다.

Q1. 한 씨는 어느 부서에서 어떤 일을 하고 있습니까?
Q2. 과장님은 한 씨를 어떻게 평가했습니까?